© Autonomia Literária, para a presente edição.
© Kristen Ghodsee.

Este livro foi publicado originalmente sob o título de *Why Women Have Better Sex Under Socialism: And Other Arguments for Economic Independence*.

This edition published by arrangement with PublicAffairs, an imprint of Perseus Books, LLC, a subsidiary of Hachette Book Group, Inc., New York, USA. All rights reserved.

Coordenação editorial
Cauê Seignemartin Ameni, Hugo Albuquerque, Manuela Beloni
Tradução: Caroline Freire
Revisão: Aline Scátola
Capa: Rodrigo Côrrea/sobinfluencia
Diagramação: Manuela Beloni

Conselho editorial
Carlos Sávio Gomes (UFF-RJ), Edemilson Paraná (UFC/UNB), Esther Dweck (UFRJ), Jean Tible (USP), Leda Paulani (USP), Luiz Gonzaga de Mello Belluzzo (Unicamp-Facamp), Michel Lowy (CNRS, França), Pedro Rossi (Unicamp) e Victor Marques (UFABC).

Dados Internacionais de Catalogação na Publicação (CIP)
(eDOC BRASIL, Belo Horizonte/MG)

G427p Ghodsee, Kristen Rogheh, 1970-.
       Por que as mulheres têm melhor sexo sob o socialismo: e outros argumentos econômicos / Kristen Ghodsee; tradutor Caroline Freire. – São Paulo, SP: Autonomia Literária, 2021.
       246 p. : 14 x 21 cm

       Título original: Why Women Have Better Sex Under Socialism And Other Arguments for Economic Independence
       ISBN 978-65-87233-49-9

       1. Mulheres e socialismo. 2. Mulheres – Emprego. 3. Mulheres – Países comunistas – Condições sociais. I. Freire, Caroline. II. Título.
                                                              CDD 335.0082

Elaborado por Maurício Amormino Júnior – CRB6/2422

Autonomia Literária
Rua Conselheiro Ramalho, 945
CEP: 01325-001 São Paulo - SP
autonomialiteraria.com.br

Por que as mulheres têm melhor sexo sob o socialismo

E OUTROS ARGUMENTOS PARA A INDEPENDÊNCIA ECONÔMICA

Kristen Ghodsee

tradução caroline freire

AUTONOMIA LITERÁRIA
2021

Sumário

Nota da autora..........................9

Prefácio 15

Introdução:
seu problema pode
ser o capitalismo....................27

1 - Mulheres são como os
homens, mas custam menos:
trabalho.................................57

2 - O que esperar quando você
está esperando exploração:
maternidade.......................... 83

3 - Não basta usar terno:
liderança 113

4 - Capitalismo debaixo dos lençóis: sexo (Parte 1) 147

5 - A cada uma, segundo suas necessidades: sexo (parte 2) 171

6 - Das barricadas às urnas: cidadania 205

Sugestões de leitura 229

Agradecimentos 241

Para Hayden, Jo e Nana

nota da autora

Elena Lagadinova (à direita, com Angela Davis) (1930-2017): mais jovem militante do movimento de resistência contra a monarquia da Bulgária, que esteve aliada ao nazismo durante a Segunda Guerra Mundial. Defendeu sua tese de doutorado em agrobiologia e trabalhou com pesquisa científica antes de se tornar presidente do Comitê do Movimento das Mulheres da Bulgária. Lagadinova liderou a delegação búlgara na Primeira Conferência Mundial das Nações Unidas sobre Mulheres, em 1975. Como as economias de livre-mercado discriminam mulheres com filhos, acreditava que somente a intervenção estatal daria apoio na dupla jornada de mães e trabalhadoras. *Cortesia de Elena Lagadinova.*

Durante os últimos vinte anos, estudei os impactos sociais causados pela transição político-econômica do socialismo para o capitalismo no Leste Europeu. Apesar de ter viajado pela região, pela primeira vez, apenas alguns meses após a queda do Muro de Berlim, em 1989, meu interesse profissional começou em 1997, quando passei a pesquisar os impactos do colapso da ideologia comunista nas pessoas em geral. Primeiro, durante o doutorado e, depois, como professora universitária, morei mais de três anos na Bulgária e dezenove meses na Alemanha, tanto no leste quanto no oeste do país. Antes disso, durante o verão de 1990, passei dois meses viajando pela Iugoslávia, Romênia, Hungria, Tchecoslováquia e República Democrática Alemã, que logo viria a desaparecer. Nos anos seguintes, visitei com frequência a Europa Oriental, ministrando palestras em cidades como Belgrado, Bucareste, Budapeste e Varsóvia. Como viajo, em geral, de carro, ônibus ou trem, pude ver, com meus próprios olhos, a devastação promovida pelo capitalismo neoliberal em toda a região: paisagens sombrias marcadas pelos restos decrépitos de fábricas, outrora prósperas, foram ocupadas por novos subúrbios com grandes cadeias de hipermercados que vendem 42 tipos de xampu. Também pude perceber como o estabelecimento de sistemas de livre-mercado no Leste Europeu, sem regulação, fez as mulheres voltarem à condição de subordinação e dependência econômica dos homens.

Desde 2004, publiquei seis livros acadêmicos e mais de trinta artigos e ensaios a partir de evidências empíricas coletadas em arquivos, entrevistas e um extenso trabalho etnográfico pela região. Neste livro, eu me apoio em mais de vinte anos de pesquisa e ensino para apresentar uma cartilha introdutória, feita para o público interessado nas teorias feministas socialistas europeias, assim como nas experiências do socialismo de Estado do século XX e suas lições para os dias atuais. Após o inesperado sucesso de Bernie Sanders nas primárias democratas de 2016, as ideias socialistas passaram a circular mais abertamente entre a população estadunidense. É essencial que façamos uma pausa para aprender com as experiências do passado, examinando aspectos positivos e negativos. Como acredito na busca pelas nuances históricas e também que podemos extrair qualidades do socialismo de Estado, serei inevitavelmente acusada de fazer apologia ao stalinismo. Os ataques pessoais virulentos são a realidade do clima político hiperpolarizado de hoje, e eu acho irônico que aqueles que dizem abominar o totalitarismo não tenham problema em silenciar discursos e encabeçar mobilizações histéricas no Twitter. A teórica política alemã Rosa Luxemburgo disse certa vez: "Liberdade é sempre e exclusivamente liberdade para quem pensa diferente". Este livro é sobre aprender a pensar diferente a respeito do passado do socialismo de Estado, de nosso presente capitalista neoliberal e dos possíveis caminhos para nosso futuro coletivo.

Ao longo do livro, faço uso dos termos "socialismo de Estado" e "socialista de Estado" para me referir aos Estados do Leste Europeu e da União Soviética cujos governos foram comandados por Partidos Comunistas e cercearam as liberdades políticas. Utilizo os termos "socialismo democrático" e "socialista democrático" para me referir aos países onde os princípios socialistas são defendidos por partidos que disputaram eleições livres e justas e os direitos políticos estão preservados. Embora muitos partidos se autodenominassem "comunistas", o termo pressupõe a ideia de uma sociedade sem controle estatal e em que todos os ativos econômicos são propriedade coletiva. Em nenhum dos casos, o comunismo real foi alcançado, portanto, tento evitar o termo ao me referir a Estados que existiram de fato.

No que diz respeito à semântica, esforcei-me para respeitar os vocábulos interseccionais contemporâneos. Por exemplo, quando falo de "mulheres", refiro-me principalmente a mulheres cis. A "questão da mulher" no socialismo dos séculos XIX e XX não incluía as necessidades específicas das mulheres trans, mas não é minha intenção excluí-las da discussão atual. Da mesma forma, quando falo sobre maternidade no período, reconheço que me refiro a pessoas designadas mulheres no nascimento (FAB – *female-assigned-at-birth*), mas uso o termo "mulher" a título de simplificação, embora a categoria também inclua pessoas que se identificam como homens e outros gêneros.

Por ser um livro introdutório, assuntos como Renda Básica Universal (RBU), extração de mais-valia e cotas de gênero não serão abordados em profundidade. Embora sejam temas absolutamente essenciais, não me alongo muito na discussão sobre saúde universal e ensino superior público e gratuito, porque sinto que já foram discutidos à exaustão em outros espaços. Espero que as leitoras e os leitores queiram saber ainda mais sobre as questões levantadas nestas páginas, que este livro seja um convite a uma maior exploração da intersecção entre socialismo e feminismo. Também gostaria de deixar claro que não se trata de um trabalho acadêmico; aos que buscam estruturas teóricas e debates metodológicos, recomendo consultar os livros que publiquei por editoras universitárias. Também reconheço a longa e importante tradição do feminismo socialista ocidental, embora este não seja aqui debatido. Convido quem se interessar a consultar os títulos da lista de sugestões para aprofundar outras leituras.

Todas as citações e dados estatísticos vêm acompanhados de notas de rodapé com as devidas referências. Poucas notas são mais substanciais, portanto, a menos que você tenha uma dúvida sobre alguma fonte específica, sinta-se à vontade para ignorá-las. O material histórico, em geral, pode ser encontrado na lista de sugestões. Nomes e detalhes de histórias pessoais foram alterados para preservar o anonimato de personagens reais.

Por último, diante das mazelas sociais que atormentam o mundo de hoje, há quem possa achar o tom dos capítulos sobre relações íntimas um tanto indecoroso ou pensar que a vida sexual é uma trivialidade, e não um motivo para derrubar sistemas econômicos. Porém, basta ligar a televisão, abrir uma revista ou navegar pela internet para se deparar com um mundo inundado em sexo. O capitalismo não vê problema em mercantilizar a sexualidade e se aproveitar das inseguranças dos relacionamentos para vender produtos e serviços que não queremos nem precisamos. As ideologias neoliberais nos fazem acreditar que nossos corpos, nossas atenções e nossos afetos são mercadorias e podem ser compradas e vendidas. Quero virar esse jogo. Usar a discussão sobre sexualidade para expor as incontáveis deficiências da economia de livre-mercado. Se pudermos compreender como o atual sistema capitalista se apropria e comercializa as nossas emoções mais básicas, estaremos dando o primeiro passo no sentido de rejeitar essas valorações comerciais que só têm a intenção de quantificar nosso valor fundamental como seres humanos. O político é pessoal.

Prefácio

Valentina Tereshkova (nascida em 1937): primeira mulher a viajar para o espaço. Em junho de 1963, Tereshkova deu quarenta e oito voltas em torno da órbita da Terra, no *Vostok* 6. Depois de encerrar sua carreira de cosmonauta, tornou-se uma figura importante da política e, em 1975, liderou a delegação soviética na Primeira Conferência Mundial das Nações Unidas sobre Mulheres. Ainda hoje, é considerada uma heroína na Rússia. *Cortesia de Elena Lagadinova.*

Para se tornar acadêmica, você precisa ser otimista e um tanto inocente. Uma pesquisa de doutorado leva, no mínimo, seis anos para ser realizada, e, pelo menos desde o final da década de 1980, as chances de conseguir um emprego e chegar a titular na sua área de estudo são ínfimas. Em 1997, quando decidi escrever minha tese sobre o trabalho feminino no setor de turismo da Bulgária pós-socialista, a maioria dos meus amigos e mentores achou que eu estava ficando louca. "Você nunca vai conseguir um emprego com um tema tão obscuro", diziam.

Teimosa e talvez um pouco ingênua, insisti e decidi passar o fim dos anos 1990 no Leste Europeu, pesquisando e assistindo à lenta e dolorosa transformação da economia de Estado para a de livre-mercado. Observei que as mulheres – mais do que os homens – manifestavam um certo saudosismo em relação ao passado socialista por conta dos benefícios concretos que haviam perdido com a chegada da democracia e o capitalismo. As privatizações e a liberalização da economia afetaram muito mais as mulheres que, sem a ajuda das redes de segurança social que vigoraram até 1989, não conseguiam mais conciliar com tanta facilidade as responsabilidades do trabalho e da família. E desde as primeiras entrevistas com camareiras e recepcionistas do Mar Negro, tenho estudado as experiências vividas no socialismo de Estado e os efeitos que a mudança de sistema teve na vida das pessoas na Europa Oriental.

Enquanto escrevo este prefácio, em setembro de 2019, mais de dois anos se passaram desde a publicação do meu artigo no *The New York Times,* que acabou virando este livro, cuja 1ª edição saiu em novembro de 2018. Nesse meio-tempo, simultaneamente à explosão de interesse pelo socialismo por parte dos jovens estadunidenses, líderes políticos faziam ameaças públicas dizendo que "os Estados Unidos jamais seriam um país socialista". Quando entreguei o manuscrito, em março de 2018, ninguém nem tinha ouvido falar de Alexandria Ocasio-Cortez nem imaginava que, com as eleições de novembro de 2018, um número recorde de mulheres e pessoas não brancas passaria a ocupar cadeiras no Congresso dos EUA. Hoje, a população do país discute ideias como Green New Deal, Medicare for All, a habitação como direito humano, universidade pública e ensino técnico gratuito e renda básica universal como possibilidades políticas reais. Nunca houve momento mais propício para pensar e escrever sobre a história do socialismo, tanto em teoria quanto na prática.

A conversa ganhou dimensões internacionais. Com o reaparecimento do nacionalismo de direita, da supremacia branca e do populismo nativista neofascista, pessoas preocupadas com a tríade de desastres iminentes do século XXI – catástrofes ecológicas como resultado das mudanças climáticas, automação ou transformação da maioria dos empregos em algoritmos e crescimento vertiginoso da desigualdade de renda – encontram soluções possíveis nos ideais do socialismo. No atual momento, a publicação deste livro já foi confirmada em dez países, sendo cinco traduções para línguas de antigas nações socialistas da Europa Oriental: russo, alemão, polonês, tcheco e eslovaco. Além das versões oficiais, o livro já foi resenhado e discutido na mídia do Leste Europeu, da Croácia nos Bálcãs à Estônia nos

Países Bálticos, e resenhas feitas pela imprensa estadunidense e britânica foram traduzidas para o russo, ucraniano, búlgaro, romeno e sérvio. Também fiquei sabendo, por colegas que moram na Europa Oriental, que cópias eletrônicas do livro em inglês continuam a circular, despertando novas discussões e reavaliações do passado socialista de Estado.

Nos últimos dois anos, pessoas que nasceram e moram na Europa Oriental e leram o livro têm me procurado para compartilhar suas próprias histórias ou as de seus pais e avós. Um jovem estudante, da Belarus, me disse ter se aproximado de sua mãe quando, após ler uma resenha deste livro, ela passou a compartilhar suas próprias experiências enquanto mulher que vivera na antiga União Soviética. Outro homem, do Azerbaijão, explicou que meu artigo fora traduzido para sua língua, o azeri, gerando ampla discussão nas mídias sociais sobre o esfacelamento dos direitos das mulheres no país após o colapso da União das Repúblicas Socialistas Soviéticas (URSS). Mulheres da antiga Alemanha Oriental me confirmaram que suas vidas pessoais eram bem mais fáceis – apesar das muitas dificuldades políticas – quando viviam em uma sociedade que as valorizava e apoiava enquanto trabalhadoras e mães. Há tempos esses assuntos têm se mantido tabus. Nas discussões sobre o passado, não se deixou espaço para os pontos em que o socialismo acertou.

Os estudiosos romenos Liviu Chelcea e Oana Druţă definem muito bem a institucionalização do silêncio quando o assunto é o socialismo na Europa Oriental. Eles argumentam que, para sustentar e legitimar a distribuição desigual da riqueza, outrora nas mãos do Estado, as elites locais criaram o termo "socialismo zumbi" – uma forma de desqualificar qualquer demanda por políticas sociais igualitárias defendida no presente reiterando os crimes praticados no passado socialista. Os autores afirmam: "Os vencedores, os que foram responsáveis pela transição ao capitalismo, fazem uso de caracterizações espectrais e mitológicas do socialismo para se apropriar das reivindicações de justiça social e estruturar as relações políticas que definem a alocação da riqueza". Em outras palavras, discutir os horrores do socialismo do passado desvia a atenção dos horrores do capitalismo no presente.

E isso não acontece apenas na Europa Oriental. Por eu ter sido, por muitos anos, uma das poucas pessoas a pesquisar e escrever sobre os direitos das mulheres no finado socialismo estatal da região, convencer meus colegas ocidentais de que havia *algo de bom* do outro lado da Cortina de Ferro tem sido uma longa e difícil batalha. Um estímulo é ver que, hoje, mesmo publicações hegemônicas como *The Economist*, *Financial Times* e a alemã *Der Spiegel* já admitem que as políticas do socialismo de Estado empoderaram as mulheres de maneira profunda e estrutural. Mesmo três décadas após o final da Guerra Fria, as estatísticas nos mostram que as mulheres da Europa Oriental continuam tendo papel de destaque em setores antes dominados pelos homens, principalmente na medicina, ciência e tecnologia. Ainda há muita pesquisa a ser feita sobre como as teorias e práticas socialistas relacionadas à emancipação das mulheres mudaram o curso de milhões de vidas para melhor.

Obviamente, nem todos concordam comigo, e houve pessoas que também compartilharam experiências negativas e fizeram críticas substanciais às minhas conclusões. Mas, em nove meses, desde a publicação do livro nos Estados Unidos e no Reino Unido, as evidências empíricas apresentadas neste livro não foram contestadas e novas evidências estão aparecendo e corroborando os argumentos. Em toda a Europa Oriental, uma nova geração de estudiosos está mergulhando nos arquivos, recolhendo depoimentos orais e reexaminando dados estatísticos para contrapor essa imagem negativa que temos do passado socialista de Estado. Mesmo no Ocidente, escritores e pesquisadores estão repensando os legados das políticas socialistas de Estado nos campos como arte, música, esportes, cinema, arquitetura, planejamento urbano, cultura jovem e direitos LGBTQ+. Essa volta do interesse pela história e cultura do socialismo do Leste Europeu despertou a fúria dos que gostam de usar o espectro do "socialismo zumbi" para justificar a manutenção do *status quo* neoliberal. Alguns conservadores insistem em associar tudo que está relacionado ao socialismo aos piores crimes do stalinismo e vão continuar recorrendo a essas falácias diante de qualquer evidência de que a vida do outro lado da Cortina de Ferro era muito mais do que um grande *gulag*, onde todos morriam de fome enquanto esperavam na fila para comprar papel higiênico. Podemos ignorar certos exageros e estereótipos, mas há, sim, uma tática perversa usada para desmentir qualquer um que desafie a ideia de que o socialismo leva, inevitavelmente, à fome, ao expurgo e ao *gulag*: uma espécie de censura epistêmica.

No sentido literal, uma pessoa é "censurada" quando lhe é tirado o direito de expressar pontos de vista controversos. O termo "epistêmico" refere-se ao conhecimento ou às maneiras pelas quais o conhecimento é validado – como sabemos o que sabemos. Dessa forma, uma pessoa é censurada epistemologicamente quando tudo o que ela diz sobre um determinado assunto é considerado inválido, ou seja, não é crível. Uma das reações negativas mais recorrentes ao meu livro tem sido a censura epistêmica, a alegação de que eu não vivi sob o socialismo de Estado e, portanto, não senti as consequências do regime na pele. Um comentário comum encontrado nesse sentido seria: "Só gosta de sexo no socialismo uma louca que nunca viveu nele." Apesar das minhas credenciais acadêmicas, das décadas de experiência, e de ter sido casada com um búlgaro e ter muitos amigos, colegas e familiares na região, não tenho autoridade para falar sobre o assunto porque não vivi o socialismo estatal na Europa Oriental (como se todos os estudiosos da Grécia Antiga ou da França Medieval tivessem vivido durante essas épocas históricas).

O curioso é que os conservadores também questionam a credibilidade de pessoas que falam positivamente sobre o socialismo mesmo que elas *tenham vivido* na Europa Oriental durante a época. No caso de colegas mais jovens, nascidos depois de 1980, o argumento é que eram jovens demais e não testemunharam o socialismo de Estado quando adultos. Isso até pode fazer certo sentido para os nascidos depois de 1991, cujas referências vêm de histórias contadas por seus pais e avós. Mas, para esses difamadores, não importa que eles tenham herdado o passado socialista ou que suas vidas tenham sido inteiramente moldadas pelas particularidades do período de transição para o capitalismo.

E quanto aos meus colegas mais velhos, que nasceram e cresceram no socialismo de Estado da Europa Oriental? Se os ocidentais e jovens do leste não têm autoridade para falar sobre o passado, obviamente os que viveram durante o período têm. Mas, infelizmente, estes também sofrem censura. Se ousam escrever algo de positivo sobre a sociedade em que viveram, estudaram e trabalharam, são logo silenciados. Os críticos alegam que sofreram lavagem cerebral, estão contaminados por uma nostalgia da juventude ou tiveram a mente danificada pelo totalitarismo, como quem sofre de síndrome de Estocolmo, apaixona-se por seus opressores e é incapaz de produzir um material analítico objetivo e imparcial.

Essa estratégia de censura epistêmica funciona muito bem para os conservadores: eles desconsideram minha argumentação porque eu não a senti na pele; a dos meus colegas do Leste Europeu, porque eram muito jovens ou porque sofreram lavagem cerebral. Se for assim, você não pode levar a sério *ninguém* que tenha algo de positivo para falar do socialismo de Estado. Nem precisa ir atrás de dados estatísticos ou evidências. Basta rejeitar a fonte de antemão. Se der cara, eu ganho; coroa, você perde.

Claro que há problemas metodológicos legítimos nos dados colhidos antes de 1989 e, particularmente, nas fontes oficiais do governo, que podem ter sido manipuladas a título de propaganda. Para a concepção deste livro, apoiei-me (ver notas) em trabalhos acadêmicos de historiadores, sociólogos e antropólogos contemporâneos, ocidentais e orientais, nascidos e criados em países como Polônia, República Tcheca, Rússia, Hungria, Sérvia e Bulgária. Afinal, não são só as vozes com interesse em restringir a história do socialismo de Estado na Europa Oriental aos piores crimes de Stalin que têm legitimidade para falar do passado.

Pode parecer uma mera disputa de narrativas, mas há implicações importantes na política contemporânea. Num mundo polarizado, a demonização persistente da experiência pregressa do socialismo de Estado funciona como um golpe político usado para soterrar os sonhos de quem tenta imaginar um futuro pós-capitalista. Dados os desafios que enfrentamos no século XXI, precisamos pensar no que vai acontecer quando nosso sistema econômico for empalado por suas próprias contradições inerentes. Esse dia pode estar mais próximo do que se imagina e, como cidadãos, temos a obrigação de nos libertar das amarras do triunfalismo que ganhou força após a Guerra Fria e cultivar nosso conhecimento sobre a mais ampla variedade de possibilidades políticas. Narrativas que insistem na história de que todas as experiências políticas redistributivas estão fadadas ao terror existem justamente para que deixemos de acreditar em mudanças sociais profundas.

Como pesquisadora e professora preocupada com as condições materiais da vida das mulheres, quero – junto aos meus muitos colegas acadêmicos e jornalistas ao redor do mundo – contribuir para desconectar o discurso político atual dos paradigmas que a Guerra Fria criou sobre a vida nos países socialistas estatais do século xx na Europa Oriental. Uma avaliação mais cuidadosa da história traz uma ideia maior do que funcionou e do que fracassou, além de nos fornecer subsídios novos e inovadores para pensar em como prosseguir. Os meios de produção de 1920, representados pelas fábricas, são os robôs, os algoritmos e a inteligência artificial de 2020. Mas mesmo que a dinâmica econômica mundial tenha mudado substancialmente nos últimos cem anos, a lógica do capitalismo – com sua tendência em produzir desigualdade, intolerância, violência e guerra – permanece a mesma. É por isso que o marxismo, para os que se preocupam em ler os textos originais, ainda faz sentido.

Sendo mais direta, *as experiências do socialismo de Estado do século* xx *sucumbiram e ninguém, com o mínimo de interesse no bem-estar das sociedades, quer resgatar governos autocráticos com economias planificadas descoordenadas, políticas de espionagem contra a população e restrições draconianas de livre circulação.* Os avanços tecnológicos nos permitem estabelecer relações mais justas, equânimes e sustentáveis entre Estado e mercado. Mas não podemos fazer nada enquanto as histórias de horror sobre o passado encobrirem a nossa capacidade de sonhar. Enquanto se afirmar que não há alternativas para o capitalismo, os líderes políticos continuarão suprimindo e distorcendo os caminhos verdadeiramente possíveis.

Hoje, com a ascensão da política racista e xenofóbica de extrema direita em países como Hungria, França, Brasil, Polônia e Estados Unidos, é imprescindível lutar por versões mais matizadas e completas da história. Os políticos de direita não travam uma guerra justa. Países como a Ucrânia proibiram, literalmente, a disseminação de matizes históricas contrárias aos interesses nacionais. Se um jornalista diz algo minimamente subversivo sobre o passado do país, pode ser multado ou preso. As leis ucranianas de "descomunização", estabelecidas em 2015, também proibiram o uso de símbolos como a foice e o martelo e imagens de personalidades como Che Guevara. Para se ter uma ideia, nas atuais homenagens às "vítimas do comunismo", na Bulgária e na Croácia, os fascistas que participaram do Holocausto durante a Segunda Guerra Mundial são absolvidos.

Os Estados Unidos ainda estão em vias de chancelar a história oficial, mas, ao apregoar o livre-mercado, os conservadores se esquecem, deliberadamente, de mencionar o passado constitutivo do sistema capitalista – escravidão, imperialismo e monopólio. No entanto, à primeira menção ao socialismo, os campos de trabalho forçado, a fome e os expurgos vêm à tona. A verdade é que não devemos renegar absolutamente nada – escravidão, imperialismo, monopolismo, fome, *gulags* e expurgos. Tudo isso faz parte da história do capitalismo e do socialismo. Porém, os sistemas políticos e econômicos tendem a evoluir com o passar do tempo, e os defensores do livre-mercado acolhem essa dinâmica quando se trata do capitalismo, mas a rejeitam no caso do socialismo.

Está na essência de qualquer projeto socialista valorizar a vida humana e o desejo de viver com propósito e dignidade, livre de exploração e opressão. Ouvimos com certa frequência que não há liberdade política real sem alguma forma de exploração econômica. Isso é uma grande mentira. Uma desculpa deslavada daqueles que se beneficiam de uma realidade em que os lucros são mais importantes que as pessoas. Outro mundo é possível, sim, e eu espero, sinceramente, que este livro inspire novas formas de enxergar o século XX e vislumbrar o século XXI. Nós podemos e precisamos fazer melhor.

Kristen R. Ghodsee
9 de setembro de 2019
Filadélfia, EUA

introdução: seu problema pode ser o capitalismo

Nadezhda Krupskaya (1869-1939): pedagoga radical russa. Figura proeminente no movimento comunista pré-revolucionário. Foi vice-ministra da Educação da União Soviética por dez anos e é reconhecida por ter ajudado a construir um sistema de educação popular e uma rede de bibliotecas por toda a URSS. Krupskaya participou da fundação das organizações da juventude soviética Jovens Pioneiros e Komsomol. *Cortesia de Domínio Público (Rússia).*

Aqui vai um resumo do argumento deste livro: o capitalismo desregulado faz mal à mulher e, se adotarmos alguns conceitos do socialismo, as mulheres terão uma vida melhor. Quando aplicado corretamente, o sistema socialista leva à independência econômica e traz melhores condições de trabalho, mais equilíbrio entre as responsabilidades profissionais e familiares e, sim, até uma vida sexual mais prazerosa. Para encontrarmos o caminho para um futuro melhor, é preciso aprender com os erros do passado, e isso inclui uma reavaliação minuciosa da história do socialismo de Estado na Europa Oriental durante o século xx.

É isso. Se a ideia lhe agrada, venha descobrir como podemos mudar a realidade. Se você tem receios, pois não entende por que o capitalismo, enquanto sistema econômico, é excepcionalmente ruim para as mulheres, e duvida que ainda possa haver algo de positivo no socialismo, este pequeno tratado vai clarear algumas coisas. Mas se você é do tipo que não dá a mínima para a vida das mulheres porque é um *troll* de redes sociais, ginofóbico e de extrema direita, guarde seu dinheiro e volte agora mesmo para a casa dos seus pais. Este livro não é para você.

Certamente, podemos dizer que o capitalismo desregulado é uma droga para praticamente *todo mundo*, mas quero focar, aqui, no fato de ser muito mais prejudicial às mulheres. O mercado de trabalho competitivo discrimina pessoas que, devido às características biológicas de seu sistema reprodutivo, são as principais responsáveis pela concepção de uma criança. Nos dias de hoje, isso diz respeito àqueles seres humanos que ganham o gorrinho rosa na maternidade e têm a letra "F" estampada ao lado do nome na certidão de nascimento (como se já tivéssemos falhado por não termos nascido menino). O mercado de trabalho também não dá valor àquelas de quem se espera a responsabilidade principal pelo cuidado dos filhos. Apesar de a sociedade já ter evoluído nessa questão, faz parte de nossa idealização sobre a maternidade acreditar que um bebê precisa mais da mamãe do que do papai – pelo menos até ter idade suficiente para praticar esportes.

Podemos dizer também que o capitalismo não é necessariamente ruim para *todas* as mulheres. Verdade. Para quem tem sorte de estar no topo da pirâmide socioeconômica, o sistema funciona muito bem. Embora mulheres bem-sucedidas ainda enfrentem diferenças de salário em relação aos homens que exercem a mesma função e não ocupem muitos cargos de liderança, a situação, de forma geral, não é tão ruim para as Sheryl Sandbergs do mundo. Claro que o assédio sexual ainda é um problema mesmo para quem está no topo. Muitas mulheres acreditam que, se você quer entrar na briga de cachorro grande, precisa engolir em seco e ignorar as mãos-bobas e investidas indesejadas. E raça também desempenha um papel importante: no geral, as mulheres brancas têm muito mais sucesso que mulheres não brancas. Mas quando olhamos para a sociedade como um todo, a situação média das mulheres de países onde há menor regulação de mercado, tributação e empresas públicas é pior que aquelas de países onde o dinheiro público é investido em níveis maiores de distribuição de renda e redes de proteção social.

Seja qual for o instituto de pesquisa, a conclusão é a mesma. Mulheres com filhos são as mais atingidas pelo desemprego e pela pobreza. Os empregadores chegam a discriminar mulheres sem filhos porque elas podem vir a tê-los no futuro. Nos Estados Unidos, em 2013, os índices de pobreza entre mulheres com mais de 65 anos eram muito mais altos do que entre homens da mesma faixa etária; e elas eram líderes na categoria "extrema pobreza". Em termos globais, as mulheres enfrentam taxas mais elevadas de privação financeira. Durante os ciclos de crise, são as últimas a serem contratadas e as primeiras a serem demitidas. E quando encontram emprego, não são remuneradas como os homens. Se há redução de investimento em educação, saúde e aposentadoria por parte do Estado, são mães, filhas, irmãs e esposas que precisam tomar a frente e direcionar sua própria energia para cuidar de crianças, doentes e idosos. O capitalismo prospera com o trabalho doméstico não remunerado das mulheres porque o trabalho de cuidado desempenhado por elas garante a manutenção de uma carga tributária mais baixa. Impostos mais baixos significam lucros mais altos para os que já estão no topo da pirâmide – homens, em sua maioria.[1]

---

[1] Cynthia Hess e Stephanie Roman, "Poverty, Gender, and Public Policies", IWPR Briefing Paper, 29/2/2016, iwpr.org/publications/poverty-gender-and-public-policies; Maria Shriver, "The Female Face of Poverty", *Atlantic*, 8/1/2014; Juliette Cubanski, Giselle Casillas, e Anthony Damico, "Poverty Among Seniors: An Updated Analysis of National and State Level Poverty Rates Under the Official and Supplemental Poverty Measures", KKF.org, 10/1/2015, www.kff.org/medicare/issue-brief/poverty-among-seniors-an-updated-analysis-of-national-and-state-level-poverty-rates-under-the-official-and-supplemental-poverty-measures; Heidi Moore, "Living Longer and Earning Less: Are Elderly Women Doomed to Be Poor?", *Guardian*

Mas o capitalismo nem sempre foi tão selvagem. Durante grande parte do século xx, o socialismo de Estado se contrapôs às piores agressões do livre-mercado. A ameaça das ideologias marxistas forçou os governos ocidentais a promoverem políticas de segurança social para proteger seus trabalhadores das imprevisíveis, porém inevitáveis oscilações econômicas da economia capitalista. Depois da queda do Muro de Berlim, muitos comemoraram o triunfo do Ocidente e renegaram os ideais socialistas. Mas, mesmo com todas as falhas, o socialismo de Estado representou um contraponto importante para o capitalismo. Um discurso em prol dos direitos sociais e econômicos – que atraiu não só populações progressistas da África, Ásia e América Latina, mas muitos homens e mulheres da Europa Ocidental e América do Norte – obrigou os políticos a melhorarem as condições do trabalho assalariado e implementarem programas de assistência social para crianças, pobres, idosos, doentes e pessoas com deficiência, mitigando, assim, a exploração e o crescimento da desigualdade econômica. Embora tenha havido antecedentes importantes nos anos 1980, com o colapso do socialismo de Estado, o capitalismo exterminou grande parte de suas políticas de regulação de mercado e redistribuição de renda. Sem a ameaça constante de uma superpotência rival, o neoliberalismo global promoveu, nos últimos trinta anos, uma acelerada retração dos programas sociais que protegem os cidadãos contra a instabilidade cíclica e as crises financeiras e reduzem a grande desigualdade econômica entre quem está no topo e na base da distribuição de renda.

No quesito direitos das mulheres, durante grande parte do século xx, os países capitalistas ocidentais também tentaram

---

(Londres), 26/9/2013, www.theguardian.com/money/us-money-blog/2013/sep/26/are-elderly-women-doomed-poverty.

superar a Europa Oriental implementando mudanças sociais progressistas. Por exemplo, os governos socialistas de Estado da União Soviética e Europa Oriental obtiveram tanto sucesso com as novas oportunidades de trabalho oferecidas às mulheres que, por duas décadas após o fim da Segunda Guerra Mundial, o trabalho assalariado das mulheres foi visto como um dos males do comunismo. Uma estrutura social formada por chefes de família e donas de casa sempre foi parte constitutiva do *American Way of Life*. Mas, aos poucos, a luta socialista pela emancipação feminina foi desintegrando o estilo de vida das propagandas de margarina. Com o lançamento soviético do *Sputnik*, em 1957, os líderes estadunidenses tiveram que reavaliar o custo da manutenção desses papéis tradicionais de gênero. Temia-se que os países socialistas de Estado estivessem em vantagem tecnológica por terem capacidade cerebral em dobro; afinal, os russos educavam suas mulheres e direcionavam as mentes mais brilhantes para a pesquisa científica.[2]

Temendo perder a corrida espacial para o Bloco Oriental, o governo estadunidense aprovou, em 1958, a Lei de Educação de Defesa Nacional (National Defense Education Act – NDEA). Apesar de o desejo de manter as mulheres dentro de casa como esposas dependentes continuar fazendo parte da cultura, a lei trouxe novas oportunidades para meninas que quisessem estudar ciências e matemática. Em 1961, alegando preocupações com a segurança nacional, John F. Kennedy assinou o Decreto 10980 e criou a primeira Comissão Presidencial sobre a Situação das Mulheres. Essa comissão, presidida por Eleanor Roosevelt, fundou as bases do que seria, mais tarde, o movimento feminista estadunidense. Os EUA levaram mais um choque

---

[2] Elaine Tyler May, *Homeward Bound: American Families in the Cold War Era* (Nova York: Basic Books, 1988).

quando, em 1963, Valentina Tereshkova se tornou a primeira mulher cosmonauta e bateu o recorde de todos os astronautas homens estadunidenses juntos. Pouco depois, o desempenho feminino superior da União Soviética e Europa Oriental nas Olimpíadas motivou a aprovação da lei conhecida como Title IX[3] para que os EUA pudessem identificar e treinar mais atletas do sexo feminino e, consequentemente, arrebatar as medalhas de ouro conquistadas pelo seu grande inimigo ideológico.[4]

Em resposta às proezas científicas dos estados socialistas, o governo estadunidense financiou um estudo importante intitulado "Mulheres na Economia Soviética". O responsável pelo levantamento visitou a URSS nos anos de 1955, 1962 e 1965, avaliou as políticas de inserção da mulher no mercado de trabalho formal e apresentou os resultados aos legisladores dos Estados Unidos. O relatório de 1966 começa afirmando: "Nos últimos anos, a preocupação com o desperdício de talento e potencial de trabalho das mulheres levou à nomeação da Comissão Presidencial sobre a Situação das Mulheres, que publicou

---

[3] N. da E.: lei federal de direitos civis nos Estados Unidos da América que foi aprovada como parte (Título IX) das Emendas de Educação de 1972. Ele proíbe a discriminação baseada no sexo em qualquer escola ou outro programa de educação que receba dinheiro federal.

[4] Senado dos EUA, "Sputnik Spurs Passage of the National Defense Education Act", 4/10/1957, www.senate.gov/artandhistory/history/minute/Sputnik_Spurs_Passage_of_National_Defense_Education_Act.htm; "Executive Order 10980 – Establishing the President's Commission on the Status of Women", 14/12/1961, www.presidency.ucsb.edu/ws/?pid=58918; Tim Sharp, "Valentina Tereshkova: First Woman in Space", Space.com, 22/1/2018, www.space.com/21571-valentina-tereshkova.html; Susan Ware, *Title IX: A Brief History with Documents* (Long Grove: Waveland, 2014).

uma série de relatórios sobre os diversos problemas que afetam as mulheres e sua participação na vida econômica, política e social. Para a formulação de novas políticas de otimização da força de trabalho feminina, é fundamental conhecer as experiências de outras nações com a utilização das capacidades das mulheres. Por esse e outros motivos, o exemplo soviético é particularmente importante hoje". O precedente dos países socialistas do Leste Europeu influenciou os políticos estadunidenses no mesmo momento histórico em que Betty Friedan publicou seu *best-seller A Mística Feminina*, revelando a insatisfação da mulher branca de classe média em relação às restrições da vida doméstica. Mas talvez seja difícil compreender, diante do clima político atual, como a rivalidade entre duas superpotências possa ter despertado o interesse pela condição das mulheres.[5]

*

Hoje, as ideias socialistas estão renascendo à medida que jovens de países como Estados Unidos e França encontram inspiração em políticos como Bernie Sanders, Alexandria Ocasio-Cortez e Jean-Luc Mélenchon e em movimentos como o dos coletes amarelos (*mouvement des gilets jaunes*). Já existe uma busca por políticas alternativas que levem a um futuro mais igualitário e sustentável, mas, para seguirmos em frente, temos que poder falar sobre o passado sem tentativas ideológicas de amenizar nem difamar nossa história ou as realizações do socialismo de Estado. Por um lado, qualquer análise matizada vai enfrentar, inevitavelmente, a fúria daqueles que insistem que o socialismo

---

[5] Norton T. Dodge, *Women in the Soviet Economy: Their Role in Economic, Scientific, and Technical Development* (Baltimore: Johns Hopkins University Press, 1966).

de Estado do século xx era o puro mal. Como disse o escritor tcheco Milan Kundera em seu famoso romance *A Insustentável Leveza do Ser*, "os que lutam contra os regimes ditos totalitários não podem lutar com interrogações e dúvidas. Necessitam também da certeza e da verdade simplista deles, que devem ser compreensíveis para um grande número de pessoas e provocar lágrimas coletivas".[6] Por outro lado, alguns jovens de hoje também flertam com o "comunismo pleno já". Talvez os *millennials* de esquerda não saibam (ou prefiram ignorar) os verdadeiros horrores a que os cidadãos foram submetidos durante os regimes unipartidários. As histórias terríveis sobre a polícia secreta, restrições à livre circulação, escassez de bens de consumo e campos de trabalho forçado não são apenas propaganda anticomunista. Precisamos fazer uma análise equilibrada do passado para que os aspectos negativos sejam descartados e sigamos adiante apenas com os positivos, especialmente no que diz respeito aos direitos das mulheres. Nosso futuro coletivo depende disso.

Desde meados do século xix, sociólogos europeus argumentavam que o sexo feminino é especialmente prejudicado em um sistema econômico que prioriza o lucro e a propriedade privada. Nos EUA, ao longo da década de 1970, feministas socialistas também afirmavam que acabar com o patriarcado não era suficiente. Enquanto as elites financeiras continuassem acumulando fortunas às custas da força de trabalho gratuita de mulheres resignadas, a exploração e a desigualdade persistiriam. Mas essas primeiras críticas se baseavam em teorias abstratas, com alguns poucos indicadores empíricos que pudessem cor-

---

[6] Milan Kundera, *A insustentável leveza do ser* (Traduzido por Teresa Bulhões Carvalho da Fonseca. 3.ª reimpressão. São Paulo: Companhia das Letras, 1999), 288.

roborá-las. Aos poucos, ao longo da primeira metade do século xx, novos governos socialistas democráticos e socialistas de Estado na Europa começaram a testar essas teorias na prática. Na Alemanha Oriental, Escandinávia, União Soviética e Europa Oriental, líderes políticos apoiaram a ideia da emancipação das mulheres pela inclusão total da força de trabalho feminina no mercado. Tais ideias logo influenciaram países como China, Cuba e outras nações recém-independentes espalhadas pelo mundo. Experimentos relacionados à independência econômica da mulher foram o combustível dos movimentos de mulheres do século xx, que, de forma revolucionária, abriram novos caminhos às mulheres antes confinadas à esfera doméstica. E em nenhum outro lugar do planeta houve tanta força de trabalho feminina quanto no socialismo de Estado.[7]

A emancipação das mulheres esteve presente em quase todos os regimes socialistas estatais, como vemos na famosa declaração da revolucionária franco-russa Inês Armand: "Se a libertação das mulheres é impensável sem o comunismo, o comunismo é impensável sem a libertação das mulheres". Embora houvesse diferenças substanciais entre os países e, na prática, a igualdade plena não tenha sido alcançada em nenhum deles, todos investiram muito em educação e capacitação das mulheres e fizeram um grande esforço para inseri-las em setores profissionais antes dominados por homens. Compreendendo as demandas da biologia reprodutiva, também tentaram socializar o trabalho doméstico e de cuidado dos filhos, criando uma rede de creches, pré-escolas, lavanderias e lanchonetes públicas. Com a extensão da licença-maternidade, da estabilidade e dos

---

[7] Organização Internacional do Trabalho, "Women in Economic Activity: A Global Statistical Survey (1950-2000)", publicação conjunta da Organização Internacional do Trabalho e INSTRAW, 1985.

benefícios aos filhos, as mulheres conseguiram encontrar um mínimo de equilíbrio entre o trabalho e a família. Além disso, o socialismo de Estado do século xx melhorou as condições materiais de vida de milhões de mulheres: a mortalidade materna e infantil caiu, a expectativa de vida subiu e o analfabetismo praticamente desapareceu. Para dar apenas um exemplo, a maioria das mulheres albanesas era analfabeta antes da imposição do socialismo, em 1945. Depois de apenas dez anos, toda a população com menos de quarenta anos já tinha aprendido a ler e escrever e, na década de 1980, 50% dos universitários do país eram mulheres.[8]

Embora os países adotassem políticas diferentes, no geral, os governos socialistas estatais reduziram a dependência econômica das mulheres em relação aos homens, fazendo de ambos beneficiários iguais de serviços do Estado socialista. Essas políticas ajudaram a separar o amor e a intimidade das considerações econômicas. Com fonte de renda própria, garantia de previdência social na velhice e em caso de doença e incapacitação, não havia razão financeira para as mulheres permanecerem em relacionamentos abusivos, insatisfatórios ou danosos. Em países como Polônia, Hungria, Tchecoslováquia, Bulgária, Iugoslávia e Alemanha Oriental, a independência econômica das mulheres fez nascer uma cultura na qual os relacionamentos puderam se ver livres das influências do mercado. As mulheres não precisavam se casar por dinheiro.[9]

---

[8] Inês Armand, citada no livro de Barbara Evans Clements, *Bolshevik Feminist: The Life of Aleksandra Kollontai* (Bloomington: University of Indiana Press, 1979), 155; Fatos Tarifa, "Disappearing from Politics (Albania)", em *Women in the Politics of Postcommunist Eastern Europe*, editado por Marilyn Rueschemeyer (Armonk: M. E. Sharpe, 1998), 269.

[9] Katherine Verdery, *What Was Communism and What Comes Next*

Assim como podemos aprender com as experiências da Europa Oriental, não podemos, é claro, ignorar os seus problemas. O Bloco Oriental falhou em não considerar, nas políticas de direitos das mulheres, casais homoafetivos e a não conformidade de gênero. O aborto foi usado como forma primária de controle de natalidade nos países onde o procedimento estava disponível sob demanda. A maioria dos Estados do Leste Europeu incentivou fortemente a maternidade – na Romênia, Albânia e URSS, sob domínio de Stalin, as mulheres eram obrigadas a ter filhos. E os governos socialistas de Estado reprimiam a discussão sobre assédio sexual, violência doméstica e estupro. E embora tenham tentado envolver os homens nas tarefas domésticas e no cuidado com os filhos, eles resistiram muito ao questionamento dos papéis tradicionais de gênero. Em sua novela *A Week Like Any Other* [Uma semana como outra qualquer], a escritora russa Natalya Baranskaya mostra, de forma brilhante, o sofrimento das mulheres submetidas à dupla jornada de trabalho – o formal obrigatório e o doméstico. Por fim, nenhum país teve, de fato, um projeto de apoio à individualidade e autorrealização das mulheres. Em vez disso, o Estado as apoiou enquanto trabalhadoras e mães, para que pudessem contribuir mais plenamente com a vida coletiva da nação.[10]

Após a queda do Muro de Berlim, em 1989, os novos governos democráticos privatizaram rapidamente os bens do Estado e desmontaram as redes de segurança social. Os homens, nas

---

(Princeton: Princeton University Press, 1996); Josie McLellan, *Love in the Time of Communism: Intimacy and Sexuality in the* GDR (Nova York: Cambridge University Press, 2011). Outras fontes serão discutidas nos capítulos seguintes.

[10] Susan Gal e Gail Kligman, *The Politics of Gender After Socialism* (Princeton: Princeton University Press, 2000).

economias capitalistas emergentes, recuperaram seus papéis "naturais" de patriarcas da família, e a expectativa era que as mulheres retornassem à condição prévia de mães e esposas, sustentadas por seus maridos. Em toda a Europa Oriental, os nacionalistas do pós-1989 argumentaram que a competição gerada pelo capitalismo traria alívio às mulheres porque as pouparia da extenuante dupla jornada. Também restauraria a harmonia familiar e social, reafirmando a autoridade do homem e seu papel de provedor. No entanto, isso significava que os homens voltariam a ter poder financeiro sobre as mulheres. Em 2006, por exemplo, a renomada historiadora da sexualidade Dagmar Herzog compartilhou uma conversa que teve com vários homens do leste da Alemanha que estavam na casa dos quarenta anos. Eles disseram que "era muito irritante o quanto as mulheres da Alemanha Oriental tinham autoconfiança sexual e independência financeira. O dinheiro era inútil, reclamaram. Os poucos marcos que um médico ganhava a mais comparado com, digamos, um ator não traziam vantagem alguma como, explicaram eles, acontecia com um médico no Ocidente, que conseguia atrair e manter as mulheres por causa do alto salário. "Você tinha que ser interessante". Que pressão. E como um deles revelou: "Sou um homem com muito mais poder agora, na Alemanha unificada, do que fui em toda a era comunista". Após a publicação do meu artigo no *The New York Times*, "Why Women Had Better Sex Under Socialism" [Por que as mulheres tem melhor sexo sob o socialismo], fui chamada para uma entrevista no programa de rádio de Doug Henwood, *Behind the News*. Uma mulher de quarenta e seis anos, nascida na União Soviética, enviou um e-mail dizendo que eu tinha "acertado em cheio" ao falar das relações românticas no "velho país", nas palavras dela, "mas também ao tratar sobre como os homens usam o dinheiro para dominar as mulheres aqui [nos Estados Unidos]".[11]

O colapso do socialismo de Estado, em 1989, criou um laboratório perfeito para se investigar os efeitos do capitalismo na vida das mulheres. O mundo pôde ver como o livre-mercado emergiu dos escombros da economia planificada e passou a afetar as diversas categorias de trabalhadores. Após décadas de escassez, os europeus do Leste trocaram, felizes, o autoritarismo pela promessa de democracia e prosperidade econômica, entregando seus países ao capital ocidental e ao comércio internacional. Só não previram o preço que teriam de pagar.

A rejeição ao Estado unipartidário e a promessa de liberdade política vieram acompanhadas do neoliberalismo econômico. Os novos governos democráticos privatizaram as empresas públicas e abriram espaço para o mercado de trabalho competitivo, onde os salários seriam determinados pela produtividade. As longas filas para conseguir papel higiênico e o mercado clandestino da calça jeans haviam acabado e, em breve, viria o paraíso no qual estariam todos livres da escassez, da fome, da polícia secreta e dos campos de trabalhos forçados. Após três décadas, muitos europeus do Leste ainda estão esperando esse maravilhoso futuro capitalista. Já outros perderam a esperança.[12]

---

[11] Janine R. Wedel, *Collision and Collusion: The Strange Case of Western Aid to Eastern Europe*, 1989-1998 (Nova York: St. Martin's, 1998); citação de Dagmar Herzog. "Post Coitum Triste Est...? Sexual Politics and Culture in Postunification Germany", *German Politics and Society* 94, no. 28 (2010): 111-140; citação soviética de Doug Henwood, comunicação pessoal por e-mail com a autora, 18/8/2017.

[12] Kristen Ghodsee, "Fires", em *Red Hangover: Legacies of Twentieth-Century Communism* (Durham: Duke University Press, 2017).

As evidências são incontestáveis: como muitas outras ao redor do mundo, as mulheres da Europa Oriental se tornam, mais uma vez, mercadorias a serem compradas e vendidas, com preço determinado pelas flutuações instáveis de oferta e procura. Logo após o colapso do socialismo estatal, a jornalista croata Slavenka Drakulić escreveu: "Vivemos agora cercados de *sex shops*, revistas pornográficas, cabines de *peep show*, clubes de *striptease*, desemprego e pobreza descontrolada. A imprensa está chamando Budapeste de "cidade do amor, a Bangkok da Europa Oriental". Enquanto os governos nacionalistas ameaçam nosso direito ao aborto e dizem que precisamos gerar mais e mais poloneses, húngaros, tchecos, croatas e eslovacos, na fronteira entre Romênia e Iugoslávia, mulheres vendem o corpo a um dólar". Hoje, a Europa Oriental está tomada de esposas russas encomendadas por correspondência, trabalhadoras sexuais ucranianas, babás moldavas e empregadas domésticas polonesas. Atravessadores inescrupulosos caçam adolescentes bielo-russas pobres e vendem seus cabelos loiros às fábricas de perucas de Nova York. Em São Petersburgo, há cursos para aprender a caçar marido rico. Praga virou o epicentro da indústria pornô europeia. Traficantes de pessoas rondam as ruas de Sófia, Bucareste e Chisinau em busca de meninas carentes que sonham com uma vida melhor no Ocidente.[13]

---

[13] Slavenka Drakulić, *How We Survived Communism and Even Laughed* (New York: Harper Perennial, 1993), 132; Peter Pomerantsev, *Nothing Is True and Everything Is Possible: The Surreal Heart of the New Russia* (Nova York: PublicAffairs, 2014); Justyna Pawlak, "Sex Slavery Plagues Romania and Bulgaria", Reuters, 21/1/2007, www.reuters.com/article/us-eu-candidates-trafficking/sex-slavery-plagues-romania-and-bulgaria-idUSEIC87273820061228; Krista Georgieva, "I Was Kidnapped by a Bulgarian Human Trafficking Ring", *Vice*, 28/4/2013, www.

Os mais velhos ainda lembram com carinho dos pequenos confortos e direitos garantidos na região antes de 1989: educação e saúde gratuita, sem medo do desemprego e da falta de dinheiro para atender necessidades básicas. Há uma piada, contada em muitas línguas da Europa Oriental, que ilustra esse sentimento:

> No meio da noite, uma mulher dá um grito e pula da cama com os olhos cheios de terror. O marido, assustado, a vê correr para o banheiro, abrir e fechar a gaveta de remédios. Então, ela corre até a cozinha e abre a porta da geladeira. Depois, abre a janela do apartamento e olha para a rua. Por fim, respira aliviada e volta para a cama.
>
> "O que há de errado?", pergunta o marido. "O que aconteceu?"
>
> "Tive um pesadelo terrível", diz ela. "Sonhei que tínhamos os remédios que precisamos, nossa geladeira estava cheia de comida e as ruas da cidade estavam limpas e seguras."
>
> "Mas isso é um pesadelo?"
>
> A mulher estremece e responde: "Pensei que os comunistas tinham voltado ao poder".

Pesquisas conduzidas em toda a região continuam mostrando que muitos cidadãos acreditam que a vida era melhor antes de 1989, sob o regime autoritário. Embora esses levantamentos digam mais sobre a decepção com o presente do que sobre um desejo de volta ao passado, acabam depondo contra a narrativa

---

vice.com/en_us/article/avnb8g /human-trafficking-bulgaria-south-italy; Ana Maria Touma e Maria Cheresheva, "Modern Slavery Risk Highlighted in Bulgaria, Romania", BalkanInsight.com, 17/8/2017, www.balkaninsight.com/en/article/romania-bulgarians-at-great-risk-of-modern-slavery-experts-warn-08-16-2017.

totalitária. Por exemplo, em um estudo realizado em 2013 com 1.055 romenos adultos, apenas um terço afirmou que a vida era pior antes de 1989: 44% disseram que era melhor e 16%, que não havia tido mudança. Quando comparadas as opiniões de homens e mulheres, os resultados foram ainda mais interessantes: 47% das mulheres e apenas 42% dos homens consideravam que o socialismo estatal era melhor para o país. Da mesma forma, 36% dos homens e apenas 31% das mulheres afirmaram que a vida sob o regime do ditador Nicolae Ceaușescu era pior que a atual. E isso foi na Romênia, que presenciou um dos regimes mais corruptos e opressivos do antigo Bloco Oriental, onde a válvula de descarga do banheiro particular de Ceaușescu era banhada a ouro. Pesquisas na Polônia, em 2011, e em outras oito antigas nações socialistas, em 2009, chegaram a resultados semelhantes. Muitos dos cidadãos que tiveram a chance de testemunhar os dois sistemas econômicos sentem agora que o capitalismo é pior que aquele socialismo de Estado que queriam tanto que acabasse.[14]

*

---

[14] INSCOP Research, "Barometrul", 11/2013, Em romeno: www.inscop. ro/wp-content/uploads/2014/01/INSCOP-noiem-brie-ISTORIE.pdf; veja os resultados poloneses em Janusz Czapiński e Tomasz Panek (ed.), "Special Issue: Social Diagnosis 2011 Objective and Subjective Quality of Life in Poland Report", *Contemporary Economics: Quarterly of University of Finance and Management in Warsaw*, 5, no. 3 (2011): 182, ce.vizja. pl/en/issues/volume/5/issue/3#art254; Pew Research Center, "End of Communism Cheered but Now with More Reservations", 9/11/2011, www.pewglobal.org/2009/11/02/end-of-communism-cheered-but-now-with-more-reservations; John Feffer, *Aftershock: A Journey into Eastern Europe's Broken Dreams* (Londres: Zed, 2017).

Nos EUA, o colapso do socialismo de Estado da Europa Oriental trouxe uma era de triunfalismo para o capitalismo ocidental. As antigas ideias do *Great Society* para regular a economia, redistribuir a riqueza e maximizar o bem-estar de toda a população, incluindo as mulheres, foram deixadas de lado. O chamado Consenso de Washington (concebido na administração de Ronald Reagan) instaurou novas diretrizes em nome da eficiência: a mercantilização, a privatização e o esfacelamento das redes de segurança social. Ao longo das décadas de 1990 e 2000, testemunhamos um processo de desregulamentação dos setores financeiro, de transporte e serviços públicos e uma crescente mercantilização da vida cotidiana. Confundimos liberdade com livre-mercado. Após a crise financeira global de 2008, as elites econômicas avançaram ainda mais contra o orçamento público, já enxuto. Usaram o dinheiro do contribuinte para salvar os bancos, grandes responsáveis por toda a bagunça, desfalcando completamente os programas sociais. O movimento Occupy Wall Street denunciou a desigualdade estrutural, mas os políticos, de ambos os lados do Congresso, apelaram para a velha máxima: não existe alternativa ao capitalismo.

Isso é mentira.

Os conservadores adeptos de uma guerra fria sempre usarão a fome e os expurgos de Stalin para conspurcar qualquer tentativa de complexificar a história do socialismo estatal do século XX. Para eles, toda a experiência do socialismo de Estado consistiu em pessoas na fila do pão ou denunciando os vizinhos à polícia secreta. Aparentemente, os líderes totalitários passaram setenta anos na União Soviética e quarenta e cinco na Europa Oriental levando a população de um lado para o outro entre prisões e campos de trabalho forçado, um verdadeiro pesadelo ateu aos moldes de George Orwell, onde todas as pessoas eram obrigadas a raspar a cabeça e se vestir como Mao Tsé-Tung. Segundo esse imaginário, os bebês não nasciam porque as pessoas queriam constituir famílias, mas porque o Partido Comunista praticava inseminação em massa para atender às cotas de reprodução humana. Os anticomunistas se recusam a reconhecer as diferenças importantes entre as sociedades socialistas e a creditá-las por suas inúmeras realizações nos âmbitos da ciência, da educação, da saúde, da cultura e do esporte. No estereótipo criado pelos líderes do Ocidente, o socialismo estatal era tanto um sistema econômico fadado ao fracasso *quanto* uma assustadora ameaça vermelha que, para ser combatida, exigia a alocação de bilhões de dólares de recursos públicos. Não dá para entender como ele podia ser as duas coisas ao mesmo tempo.

Hoje, há vários institutos de pesquisa na Europa Oriental, financiados pelo Ocidente, investigando os crimes do comunismo. Em países como Hungria, Bulgária e Romênia (todos aliados dos alemães na Segunda Guerra Mundial), os descendentes de colaboradores nazistas se consideram "vítimas do comunismo". Políticos locais e elites econômicas que se beneficiaram da transição para o livre-mercado (particularmente aqueles que tiveram restituídas as propriedades de seus avós, antes nacionalizadas) conspiram para a construção dessa narrativa oficial sobre o passado totalitário. Por exemplo, depois de uma palestra que dei em Viena em 2011, uma jovem búlgara enviou um e-mail agradecendo por minha coragem de falar sobre alguns legados positivos de Todor Jivkov, líder da Bulgária entre 1954 a 1989. "Ninguém [na Bulgária] pode ser nostálgico ou falar sobre as dores da transição sem ser tachado de comunista ou acusado de negar os crimes cometidos pelo regime de Jivkov. Você trata de questões importantes, que são normalmente ignoradas pela narrativa [oficial] e pela mídia".[15] Em um país vizinho, a Romênia, o especialista em literatura Costi Rogozanu criticou a prática do Leste Europeu de usar histórias de horror do passado socialista de Estado para justificar a implementação de políticas neoliberais no presente. "Quer aumento de salário? Então, você é comunista. Quer serviços públicos? Deseja tributar os ricos para aliviar os pequenos produtores e assalariados? Então, você é comunista e matou meus avós. Quer transporte público em vez de rodovias? Então, você é ultracomunista e um *hipster* [idiota]".[16]

Embora seja importante não romantizar o passado socialista de Estado, a realidade não pode nos cegar para os ideais dos primeiros socialistas, as várias tentativas de reforma do sistema por dentro (como a Primavera de Praga, a *glasnost* e a *perestroika*) e o importante papel que os ideais socialistas tiveram na insurgência dos movimentos de independência das nações no Sul Global. Reconhecer os aspectos negativos não invalida os positivos. Assim como existem os que querem embranquecer a história norte-americana minimizando, apenas para início de

---

[15] Kristen Ghodsee, "A Tale of Two Totalitarianisms: The Crisis of Capitalism and the Historical Memory of Communism", *History of the Present: A Journal of Critical History* 4, no. 2 (2014): 115-142; Mulher búlgara da plateia em comunicação pessoal por e-mail com a autora, 2011.

[16] Costi Rogozanu, "Condamnarea ritualică a comunismuluişi de unde începe reformarea stîngii", 18/12/2014, voxpublica.realitatea. net/politica-societate/condamnarea-ritualica-a-comunismului-si-reformarea-reala-a-stingii110586.html, traduzido ao inglês e citado por Liviu Chelcea e Oana Druţă, "Zombie Socialism and the Rise of Neoliberalism in Post-Socialist Central and Eastern Europe", *Eurasian Geography and Economics* 57, no. 4-5 (2016): 521-544, 521.

conversa, as leis Jim Crow[17], o racismo institucional, a violência armada e o encarceramento em massa, existem os que difamam a história do socialismo de Estado, dizendo que era tudo um horror.[18]

Mesmo depois de mais de duzentos anos de experimentação com as mais variadas formas de socialismo, a palavra "socialismo" ainda carrega conotações negativas. Os *gulags* de Stalin e a fome ucraniana silenciam qualquer menção aos princípios socialistas. A oposição gosta de condenar o sistema como se fosse fadado ao fracasso e levasse, inevitavelmente, ao terror totalitário, ignorando as experiências socialistas democráticas de sucesso na Escandinávia. A Europa foi um enorme campo de batalha durante a Guerra Fria e os países do norte do continente tiveram, em algum momento, grandes partidos comunistas e socialistas com participação no processo parlamentar, promovendo políticas de redistribuição e bem-estar social. Nos anos 1990, enquanto Rússia, Hungria e Polônia liquidavam os ativos estatais e desmontavam suas redes de segurança social, Dinamarca, Suécia e Finlândia continuaram, apesar da moda neoliberal, com uma generosa política de gastos públicos, financiada

---

[17] N. da E.: as leis de Jim Crow foram leis estaduais e locais promulgadas no final do século XIX início do século XX pelas legislaturas estaduais dominadas pelos Democratas após o período da Reconstrução. Na prática, as leis de Jim Crow impunham a segregação racial no sul dos Estados Unidos, exigindo instalações separadas para brancos e negros e nativos americanos em todos os locais públicos nos estados que faziam parte dos antigos Estados Confederados da América e em outros estados. A lei foi revogada somente em 1965.

[18] Kristen Ghodsee e Scott Sehon, "Anti-Anti-Communism", *Aeon.co*, 22/3/2018, aeon.co/essays/the-merits-of-taking-an-anti-anti-communism-stance.

por indústrias estatais e tributação progressiva. As sociedades socialistas democráticas do norte da Europa mostram que existe uma alternativa mais humana ao capitalismo neoliberal. E embora não sejam países perfeitos nem fáceis de replicar – afinal, são etnicamente homogêneos e cada vez mais hostis com imigrantes –, encontraram formas de combinar as liberdades políticas do Ocidente com as seguranças sociais do Oriente.

O norte da Europa não é apenas a região mais feliz para se viver, como também representa um verdadeiro oásis para as mulheres, que detêm mais poder econômico e político do que em qualquer outro lugar do planeta. Em um brilhante artigo publicado na revista *Dissent*, "Cockblocked by Redistribution: A Pick-Up Artist in Denmark" [Bloqueado pela redistribuição: um artista da sedução na Dinamarca], a jornalista Katie J.M. Baker conta que o guru estadunidense da sedução e da masculinidade Daryush Valizadeh (conhecido como Roosh) alertou seus fãs de que a Dinamarca é um verdadeiro deserto para o homem que quer caçar mulher fácil. Aparentemente, a extensa rede de segurança social e as políticas de equidade de gênero do país tornam as técnicas de sedução do macho alfa completamente inúteis. Isso porque as dinamarquesas não precisam de homens para garantir sua segurança financeira. Em países menos igualitários, as mulheres veem, nas relações sexuais, um caminho de mobilidade social – a famosa fantasia de Cinderela. Mas quando elas têm renda própria e garantias de independência promovidas pelo Estado, o príncipe encantado deixa de fazer sentido. O livro de Roosh, *Don't Bang Denmark: How to sleep with Danish women in Denmark (if you must)* [Não transe Dinamarca: como dormir com mulheres dinamarquesas na Dinamarca (se for necessário)], é uma prova de como as políticas redistributivas promovem maior estabilidade e segurança às mulheres, mitigando os efeitos da discriminação na vida cotidiana.[19]

*

A juventude está redescobrindo o papel que os governos democráticos desempenham na garantia de uma economia justa. Hoje, as empresas e elites, por meio de *lobby* e financiamento de campanha, influenciam os políticos a atenderem seus interesses: menos serviços para os pobres e menos impostos para os ricos. Uma decisão da Suprema Corte em 2010, no caso da organização Citizens United contra a Comissão Eleitoral Federal, ratificou a ideia de que quem tem dinheiro tem voz e, portanto, esta deve ser protegida pela Primeira Emenda da Constituição. Mas enquanto os EUA forem uma democracia representativa, os cidadãos comuns poderão eleger líderes que defendam políticas voltadas à redistribuição e segurança social universal. Em 2020, o eleitorado estadunidense será composto, em sua maioria, por *millennials*, sendo metade mulheres. O cálculo, aqui, é simples.

Uma pesquisa de junho de 2015 realizada pela organização Gallup revelou que os estadunidenses com idades entre 18 e 29 anos estão mais propensos a votar em um candidato "socialista" do que qualquer outra faixa etária, e isso aconteceu bem antes da repercussão da campanha de Bernie Sanders, durante as pri-

---

[19] *World Happiness Report* 2017, worldhappiness.report/ed/2017/; Katie Baker, "Cockblocked by Redistribution: A Pick-up Artist in Denmark", *Dissent Magazine* (Outono 2013), www.dissent magazine. org/article/cockblocked-by-redistribution; Roosh V., *Don't Bang Denmark: How to Sleep with Danish Women in Denmark* (If You Must) (autopublicação, 2011).

márias presidenciais. Além disso, um levantamento da YouGov, realizado em janeiro de 2016, perguntou aos estadunidenses: "Você é favorável ou desfavorável ao socialismo?". E os resultados revelaram uma discrepância entre os diferentes grupos etários. Entre as pessoas com mais de 65 anos, 60% disseram ser desfavoráveis e 23%, favoráveis. Cerca de um quarto dos entrevistados com idade entre 30 e 64 anos disseram ser favoráveis, mas metade daqueles ouvidos com idade entre 30 e 44 anos e 54% com idade entre 45 e 64 anos afirmaram ser desfavoráveis. Entre as pessoas de 18 a 29 anos, apenas um quarto se disse desfavorável. Impressionantes 43% dos jovens disseram ter uma opinião favorável sobre ao socialismo, contra 32% a favor do capitalismo! Uma pesquisa realizada pela Fundação Memorial das Vítimas do Comunismo em outubro de 2017 constatou que o apoio ao socialismo continua a crescer entre os jovens. "Para se ter uma ideia, neste ano, mais *millennials* gostariam de viver em um país socialista (44%) do que em um capitalista (42%). Até mesmo em um país comunista (7%). O índice de *millennials* a favor do socialismo é dez pontos mais alto que o da população em geral. A importância desse resultado não pode ser ignorada: no ano passado, os *millennials* superaram os *baby boomers*[20] e já são o maior grupo geracional da sociedade norte-americana".[21]

---

[20] N. da E.: pessoas nascidas no período da explosão populacional ocorrida logo após o fim da Segunda Guerra Mundial entre 1945 e 1964.
[21] William Jordan, "Democrats More Divided on Socialism", Yougov.com, 28/1/2016, today.yougov.com/topics/politics/articles-reports/2016/01/28/democrats-remain-divided-socialism; Justin McCarthy, "In U.S., Socialist Presidential Candidates Least Appealing", Gallup, 22/6/2015, news.gallup.com/poll/183713/socialist-presidential-candidates-least-appealing.aspx; Catherine Rampell, "Millennials Have

Esse mesmo estudo revelou diferenças fascinantes entre gêneros. Dos 2.300 participantes, 51% eram mulheres, e suas opiniões, muitas vezes, foram bem diferentes das dos homens. Quando perguntaram aos entrevistados se tinham opinião positiva em relação à economia capitalista, 56% dos homens e apenas 44% das mulheres disseram que sim – uma diferença de 12 pontos percentuais. Contudo, 53% dos homens e apenas 47% das mulheres disseram ser desfavoráveis ao socialismo. Embora os homens tendessem a ter opiniões políticas mais fortes no geral, os dados sugerem que as mulheres são mais inclinadas a políticas distributivas. E a mudança de opinião vem acontecendo apesar dos esforços, por parte de políticos conservadores, para equiparar os ideais de esquerda aos piores horrores do stalinismo. Talvez seja porque os *millennials* não aceitem a imposição ideológica dos filhotes da Guerra Fria da geração *baby boomer*, ou porque a situação econômica atual, de desigualdade crescente e estagnação salarial para a metade inferior da pirâmide de renda, seja mais real que todas as histórias sobre o tal "império do mal" que veio a colapsar antes mesmo de eles nascerem.[22]

---

a Higher Opinion of Socialism Than of Capitalism", *Washington Post*, 5/2/2016, www.washingtonpost.com/news/rampage/wp/2016/02/05/millennials-have-a-higher-opinion-of-socialism-than-of-capitalism; Marion Smith, "44% of Millennials Prefer Socialism. Do They Know What It Means?", *Dissident*, 2/11/2017, www.victimsofcommunism.org/witnessblog/2018/4/19/forty-four-percent-of-millennials-prefer-socialism-do-they-know-what-it-means.

[22] Victims of Communism Memorial Foundation (VOCMF), "Annual Report on Attitudes Towards Socialism", 10/2017, victimsofcommunism.org/wp-content/uploads/2017/11/YouGov-VOC-2017-for-Media-Release-November-2-2017-final.pdf.

George Orwell escreveu certa vez: "Quem controla o passado, controla o futuro; quem controla o presente, controla o passado".[23] Os conservadores farão de tudo para esconder as evidências de que as experiências socialistas do século XX (apesar do colapso) trouxeram benefícios às mulheres, incluindo políticas que foram e ainda podem ser implementadas em sociedades democráticas: licença-maternidade remunerada, creches financiadas pelo poder público, diminuição e flexibilização da jornada de trabalho, educação superior gratuita, saúde universal e outros programas que ajudariam tanto homens quanto mulheres a levar suas vidas de forma menos precarizada e mais gratificante. Muitas dessas políticas socialistas já existem em países ocidentais avançados, onde a *Fox News* e a propaganda anticomunista não impedem os cidadãos de lutar por seus interesses econômicos.

A hiperpolarização política atual impede que haja uma visão mais matizada sobre o passado. Os críticos conservadores pouco se importam com a história do socialismo de Estado do século XX e suas políticas em relação às mulheres. Querem manter o *status quo*. Por exemplo, a Fundação Memorial das Vítimas do Comunismo, sediada em Washington, diz que "uma geração inteira de estadunidenses está aberta a ideias coletivistas porque não conhece a verdade. Nós mostramos a verdade porque queremos um mundo livre da falsa esperança do comunismo". Observe o deslize ao se referir a "ideias coletivistas" e "comunismo" como se uma coisa levasse sempre e inevitavelmente à outra. (Então, se eu quiser fazer uma horta junto com meus vizinhos, deve ser porque, secretamente, quero que eles sejam mandados para o *gulag*.) Essa fundação controla currí-

---

[23] George Orwell, 1984 (tradução de Wilson Velloso. 17.ª ed. São Paulo: Ed. Nacional, 1984).

culos escolares, paga anúncios anticomunistas em painéis publicitários da Times Square e deseja construir um museu para as vítimas do comunismo ao lado do National Mall, na capital dos EUA (com financiamento explícito da extrema direita). Ela quer controlar a história como fez a União Soviética para atingir os seus objetivos políticos. Questionar esse ponto de vista unilateral, que só mostra o lado negativo do passado, é questionar também a narrativa de que o socialismo está fadado ao fracasso, não importa onde venha a ser experimentado no futuro.[24]

Os *millennials* e a geração z rejeitam as ideias dos filhotes da Guerra Fria, que já chegaram a dizer: "Prefiro morrer a ser vermelho!" Hoje, os jovens se perguntam se seriam menos atormentados, inseguros e estressados caso o governo desempenhasse um papel mais ativo na distribuição de renda. Entendem que, com os altos e baixos da economia de mercado, precisam de líderes que protejam as pessoas dessas flutuações, muitas vezes, devastadoras. Líderes populistas de extrema direita preferem atacar as mulheres, pessoas não brancas e imigrantes para desviar o foco da real causa da injustiça econômica: a alta concentração de riqueza nas mãos de um número cada vez menor

---

[24] Ver declaração da missão da VOCMF, victimsofcommunism. org/education; ver as iniciativas educacionais da VOCMF, victimsofcommunism.org/initiative/educational-curriculum; Warner Todd Huston, "Billboards Against Communism Appear in New York's Times Square", *Breitbart*, 16/10/2016, www.breitbart.com/big-government/2016/10/16/billboards-communism-appear-new-yorks-times-square/; Jacqueline Klimas, "Cold War Casualties of Communism Seek Museum on National Mall", *The Washington Times*, 17/6/2014, www.washingtontimes.com/news/2014/jun/17/museum-honor-victims-communism-seek-spot-national-/; Ghodsee e Sehon, "Anti-Anti-Communism".

de pessoas. Homens e mulheres comuns sofrem para satisfazer suas necessidades básicas em uma economia que promete oportunidades iguais e mobilidade social, mas na qual 78% dos afro-americanos nascidos entre 1985 e 2000 vieram de bairros extremamente precários (contra 5% de brancos). Nesse contexto, é preciso se unir e lutar por mudanças políticas reais.[25]

Sendo clara, *não defendo o retorno de nenhuma forma de socialismo de Estado do século xx*. Esses experimentos falharam sob o peso de suas próprias contradições: o abismo entre os ideais e as práticas de líderes autoritários. Você não precisa abrir mão de papel higiênico para ter atendimento médico. Liberdades políticas não precisam ser substituídas por garantia de emprego. Mas há outros caminhos ainda não percorridos, como os defendidos por alguns dos primeiros teóricos socialistas, como Karl Liebknecht e Rosa Luxemburgo. E nenhuma experiência socialista jamais conseguiu ser livre para se desenvolver sem a opressão explícita ou encoberta dos Estados Unidos, seja pelo confronto direto, como na Coreia e no Vietnã, ou por operações secretas, como em Cuba, Chile e Nicarágua. Alguém aí se lembra do caso "Irã-Contras"? Além disso, as circunstâncias históricas do século xxi não são iguais às do século xx. À medida que a economia global cresce e se desenvolve com o uso de novas tecnologias, precisamos ter acesso a um arcabouço teórico com o maior número de possíveis soluções políticas para os problemas que enfrentaremos nos próximos anos.

Assim como os camponeses europeus acreditavam, no passado, que Deus escolhia reis e aristocratas para governá-los, hoje

---

[25] Patrick Sharkey, Figura 2 em *Neighborhoods and the Black-White Mobility Gap*, Pew Charitable Trusts, 2009, www.pewtrusts.org/en/research-and-analysis/reports/0001/01/01/neighborhoods-and-the-blackwhite-mobility-gap.

muitos creem que os super-ricos acumularam capital na competição justa do livre-mercado. Mas com as suspeitas cada vez mais evidentes de que a economia está manipulada, os jovens vêm buscando alternativas. Spinoza, filósofo do século XVII, teria dito: "Se você quer que o futuro seja diferente do presente, estude o passado". Mesmo que as experiências de socialismo do passado tenham falhado, houve vitórias. Devemos estudá-las e resgatar o que for possível das ferramentas teóricas e práticas mais poderosas que tivermos para conter a devastação causada pelo capitalismo global. As mulheres jovens, em especial, têm pouco a perder e muito a ganhar com a luta coletiva por sociedades mais justas, igualitárias e sustentáveis.[26]

Este livro explica o porquê.

---

[26] Baruch/Benedict Spinoza citado por David A. Teutsch (ed.), *Imagining the Jewish Future: Essays and Responses* (Albany: SUNY Press, 1992), 139.

1

Mulheres são como os homens, mas custam menos: trabalho

Clara Zetkin (1857-1933): editora do jornal do Partido Social-Democrata da Alemanha, *Die Gleichheit* (*Igualdade*), Zetkin foi peça fundamental para a militância das mulheres socialistas. Em 1910, criou o Dia Internacional da Mulher, que passou a ser comemorado todos os anos, em 8 de março. Após o início da Primeira Guerra Mundial, rompeu com o Partido Social-Democrata da Alemanha e se uniu ao Partido Comunista Alemão, tornando-se membro da Assembleia Constituinte da República de Weimar. Zetkin desdenhava das feministas independentes e acreditava que homens e mulheres socialistas precisavam trabalhar juntos para derrubar a burguesia. *Cortesia do Archiv der sozialen Demokratie/Friedrich-Ebert-Foundation.*

Quando eu tinha uns vinte e poucos anos, uma querida amiga, que chamarei de Lisa, trabalhava para uma grande empresa em São Francisco, na área de recursos humanos. Lisa adorava moda, e eu ainda guardo alguns dos *looks* lindos que ela me ajudou a comprar nos bazares da Filene's Basement e em outros brechós da Fillmore Street. Ela tinha o dom de encontrar roupas de marca no meio das promoções e de misturar Levi's com peças *vintage* da Dior. Mantivemos contato ao longo dos anos, trocando lamentos sobre casamento e maternidade de primeira viagem. Mas, ao contrário de mim, que comecei a carreira na universidade quando já era mãe, Lisa largou o emprego quando ficou grávida. Seu marido ganhava o suficiente para sustentá-la e preferiu que ela ficasse em casa. Assim como havia sido com a mãe dele, no círculo de amigos, vizinhos e colegas do casal, esse era o acordo usual. Lisa fazia questão de dizer que a escolha tinha sido sua, que precisava dar um tempo da loucura do mercado. A segunda filha veio logo após a primeira e, com isso, ela abandonou de vez a ideia de retomar a carreira. Achava que seria mais fácil daquele jeito e que poderia acompanhar o crescimento das filhas de perto, algo que jamais pude fazer.

Enquanto ela fazia bolo e levava as crianças para passear, eu deixava minha filha o dia inteiro na creche, cinco dias por semana, o que custava uma pequena fortuna. Enquanto as meninas dormiam, Lisa lia romances, malhava e preparava refeições elaboradas. Meus primeiros quatro anos como mãe coincidiram com meus primeiros três anos como professora universitária. A rotina era uma loucura e meus dias não acabavam nunca. Quase morri de vergonha quando um aluno me alertou que eu estava com a blusa do avesso. Depois da terceira vez que isso aconteceu, parei de me preocupar. Contanto que minha saia não estivesse virada ao contrário, tudo bem. Muitas vezes invejei a escolha de Lisa, mas eu tinha concluído meu doutorado e conseguido um bom emprego. Não queria desistir. Quando minha filha fez cinco anos, as coisas ficaram um pouco mais fáceis. Publiquei meu primeiro livro, conquistei estabilidade no trabalho como pesquisadora, e minha filha foi para a 1ª série. Sem ter mais o peso do custo da creche, passei a colher os frutos psicológicos e financeiros da minha perseverança.

Alguns anos depois, fui passar um fim de semana com Lisa. Seu marido se ofereceu para cuidar das três meninas para que nós duas pudéssemos ir ao shopping jantar, pegar uma sessão de cinema e, quem sabe, fazer umas comprinhas. Como sempre saíamos com as crianças, era uma proposta irrecusável. Eu queria muito ter uma conversa adulta com uma velha amiga sem ninguém me pedindo suco ou sorvete ou fazendo birra. Um passeio só das garotas.

Eu estava no andar de cima da casa dela me vestindo quando percebi que esquecera o secador de cabelo. Desci as escadas para pedir um emprestado a Lisa quando a ouvi discutindo com o marido.

"Por favor, Bill. Eu vou ficar com muita vergonha".

"Não. Você já gastou muito neste mês. Devolvo o cartão quando chegar a fatura".

"Mas eu comprei coisas para a casa, roupas para as meninas. Não comprei nada para mim".

"Você está sempre comprando coisa para você e diz que é para as meninas".

"Mas *é* para elas. Eles não param de crescer".

"Você já tem roupa suficiente. Não precisa de mais. E eu já dei dinheiro para o jantar e para o filme".

"Bill, por favor". A voz de Lisa falhou.

Dei meia volta e subi as escadas na ponta dos pés, rezando para não notarem a minha presença. Fiquei escondida no banheiro até Lisa aparecer, com o queixo tenso e os olhos vermelhos.

Fomos até o restaurante em silêncio. Pedimos dois pratos, e eu tentei prolongar o jantar até pouco antes do filme começar. Lisa pareceu grata.

Depois da segunda taça de *Malbec*, ela disse:

"Discuti com Bill".

Baixei a cabeça.

"Ele disse que quase não transamos mais".

Ergui os olhos. Não era exatamente sobre isso a discussão que eu testemunhara.

Ela girou a taça vazia.

"Será que dá tempo de tomar mais uma?"

"Pode pedir, afirmei. Eu dirijo".

Ela bebeu uma terceira taça de vinho e nós conversamos sobre as críticas do filme que planejávamos assistir. Quando veio a conta, ela abriu a carteira e colocou algumas notas de vinte dólares na mesa. Tirei meu cartão de crédito.

Ela olhou para o meu nome gravado no American Express e suspirou.

"Bill só me dá dinheiro vivo".

"Que tal eu pagar desta vez?". Devolvi o dinheiro para ela. "Essa fica por minha conta".

Ela encarou a mesa por um tempo. Por fim, agradeceu e guardou as notas na carteira.

"Vou trepar com ele hoje à noite e amanhã te pago".

Fiquei lá parada, atônita. Lisa olhou para o relógio.

"Se a gente correr, dá tempo de passar na Shiseido antes de começar o filme".

*

Naquela noite no restaurante, jurei que, por mais difícil que fosse conciliar os cuidados com a minha filha e um trabalho em período integral, eu jamais me colocaria na posição de Lisa se tivesse escolha. "O capitalismo é um mecanismo de suborno que obriga as mulheres a manter relações sexuais por dinheiro, seja dentro ou fora do casamento, e contra esse mecanismo não há nada além da respeitabilidade tradicional que a pobreza gerada pelo próprio capitalismo destrói", escreveu George Bernard Shaw em 1928. Direta ou indiretamente, sexo e dinheiro estão sempre ligados à vida das mulheres, herança da nossa longa história de opressão.[27]

Muitas mulheres vivem a mesma situação de Lisa e dependem economicamente de homens para satisfazer suas necessidades básicas. Se um dia Bill pedisse o divórcio, Lisa teria certa proteção financeira garantida por lei (uma pensão alimentícia talvez insuficiente), mas, enquanto os dois permanecerem casados, ela vai continuar à mercê do marido. Todo trabalho que realiza cuidando dos filhos, organizando a vida da família e administrando a casa é invisível aos olhos do mercado. Lisa não recebe salário e não contribui para a própria previdência social.

---

[27] George Bernard Shaw, *An Intelligent Woman's Guide to Capitalism and Socialism* (Nova York: Welcome Rain Publishers, 2016), 201.

Ela não acumula experiência profissional e cria um buraco no currículo, que lhe será cobrado caso decida voltar ao mercado de trabalho. Ela só tem acesso a assistência médica por causa dos benefícios trabalhistas do marido. Tudo que possui é adquirido com a renda de Bill, e ele pode lhe negar acesso aos cartões de crédito quando bem entender.

No romance distópico *O Conto da Aia*, de Margaret Atwood, os fundadores da República de Gileade proíbem as mulheres de trabalhar e confiscam todas as economias pessoais delas. No primeiro passo para colocá-las em seu "devido lugar", todas são demitidas de seus empregos, e o dinheiro que possuem na conta bancária é transferido para o marido ou parente do sexo masculino mais próximo. A subjugação das mulheres começa ao torná-las novamente dependentes dos homens. Sem dinheiro nem meios para obtê-lo, elas não conseguem traçar o próprio caminho, afinal, independência e liberdade de escolha dependem de recursos financeiros.[28]

O livre-mercado discrimina as trabalhadoras. No início da Revolução Industrial, os patrões consideravam as mulheres inferiores aos homens (mais fracas, mais emotivas, menos confiáveis, etc.). A única maneira de convencê-los a contratar uma mulher era por incentivos financeiros: elas custavam menos e eram mais dóceis. Se uma mulher exigisse um salário igual ao de um homem, o empregador contratava logo um homem. Portanto, a vantagem comparativa das mulheres, desde os primórdios do capitalismo, era fazer o mesmo trabalho por um preço menor. A ideia de que um homem recebia o salário para sustentar toda a família agravava o problema. Quando as mulheres ingressaram em massa no mercado industrial e passaram

---

[28] Margaret Atwood, *O conto da aia* (Traduzido por Ana Deiró. Rio de Janeiro: Rocco, 2017).

a dominar as indústrias leves (costura, tecelagem, lavanderia), recebiam salários para uma única pessoa, e não para uma família, mesmo que fossem mães solo ou viúvas. A sociedade entendia que a mulher continuava dependente do homem, e as que trabalhavam eram apenas esposas ou filhas que queriam ganhar um dinheiro extra para comprar guardanapos de renda. Ficava a cargo dos maridos e pais suprir as necessidades principais como comida, abrigo e vestimenta.

A cultura patriarcal reduz a mulher à dependência econômica e a vê como uma espécie de mercadoria a ser negociada entre famílias. Durante séculos, a doutrina da cobertura (*coverture*) transformou mulheres casadas em propriedades de seus maridos, sem direitos legais próprios. Todos os bens materiais de uma mulher eram transferidos para o marido após o casamento. Se o homem quisesse trocar as joias da esposa por bebida alcoólica, ela não tinha como contestar. As alemãs ocidentais casadas não podiam trabalhar sem a permissão do marido até 1957. Nos EUA, as mulheres eram proibidas de assinar contratos sem a permissão do marido até a década de 1960. Na Suíça, só puderam votar para representantes nacionais a partir de 1971.[29]

O capitalismo industrial reforçou a divisão sexual do trabalho. Enquanto os homens ficaram na esfera pública, com empregos formais, as mulheres permaneceram na esfera privada, exercendo um trabalho não remunerado. Em teoria, o salário do homem seria alto o suficiente para sustentar esposa e filhos. O trabalho doméstico feminino não remunerado subsidiava o lucro do empregador, já que a família assumia o custo de reprodução da força de trabalho. Sem controle de natalidade, acesso à educação e oportunidade de bons empregos, a mulher não

---

[29] Marilyn Yalom, *A história da esposa: da Virgem Maria a Madonna* (Rio de Janeiro: Ediouro, 2002).

podia exceder os limites da família. Em 1928, Bernard Shaw escreveu: "O sistema capitalista deixa a mulher em uma situação pior que a do homem. Ao fazer do homem seu escravo e sustentar a mulher através do homem, o capitalismo transforma a mulher em escrava do homem, em escrava do escravo, e esse é o pior tipo de escravidão".[30]

*

Em meados do século XIX, feministas e socialistas divergiam sobre a melhor forma de libertar as mulheres. As feministas das classes altas apoiavam a Lei da Propriedade da Mulher Casada (Married Women's Property Acts) e o direito ao voto sem questionar o sistema econômico em si, o verdadeiro responsável por perpetuar a subjugação das mulheres. Já socialistas, como os teóricos alemães Clara Zetkin e August Bebel, acreditavam que a libertação das mulheres só aconteceria com a plena incorporação da força de trabalho feminina em uma sociedade onde as fábricas e a infraestrutura produtiva fossem propriedade coletiva da classe trabalhadora. Um objetivo mais audacioso e, talvez, utópico, mas a busca por esse sistema econômico justo e igualitário, com a participação da força de trabalho das mulheres, fez parte do projeto político de todas as experiências socialistas subsequentes.

A percepção de que o trabalho da mulher vale menos que o do homem persiste até os dias de hoje. No sistema capitalista, a força de trabalho (ou as unidades de tempo que vendemos para os nossos empregadores) é um produto comercializado no livre-mercado. As leis de oferta e procura determinam seu preço, assim como seu valor. Homens ganham mais porque os em-

---

[30] Shaw, *The Intelligent Woman's Guide*, 197.

pregadores, clientes e consumidores acreditam que eles valem mais. Pense nisto: por que há sempre garçonetes em lanchonetes e garçons em restaurantes sofisticados? No conforto do lar, a maioria das pessoas cresce sendo servida por mulheres: avós, mães, esposas, irmãs e, às vezes, filhas. Ser servida por um homem é raro, assim como é raro vê-los cuidar de necessidades básicas. Pagamos mais para um homem nos servir porque acreditamos que ele está prestando um serviço mais valioso, mesmo que seja somente para colocar o prato na sua frente e moer pimenta-do-reino sobre o filé-mignon. Da mesma forma, embora as mulheres alimentem a humanidade há milênios, os homens dominam o mundo da gastronomia. Pelo visto, toda receita fica mais saborosa com uma pitada de testosterona.[31]

No passado, por terem consciência de que a população em geral valorizava menos o seu trabalho, as mulheres tentavam mitigar os efeitos da discriminação. Charlotte Brontë publicou seus primeiros romances sob o pseudônimo Currer Bell, e Mary Anne Evans assinava como George Eliot. Mais recentemente, J. K. Rowling e E. L. James publicaram livros usando suas iniciais para esconder seu gênero. No caso de Rowling, a editora pediu que ela fizesse isso para atrair leitores meninos que pudessem rejeitar um livro escrito por uma mulher. No mundo acadêmico, um nome feminino está propenso a receber avaliações piores, visto que os estudantes tendem a atribuir classificações melhores aos professores que às professoras. Um estudo experimental de 2015 revelou que uma mesma aula on-line, ministrada pelos mesmos instrutores, mas utilizando

---

[31] Emily Shire, "Why Sexism Persists in the Culinary World", *Week*, 14/11/2013, theweek.com/articles/456436/why-sexism-persists-culinary-world.

identidades de gênero diferentes, recebe avaliações mais baixas quando realizada pela personagem feminina.[32]

O racismo intensifica a discriminação de gênero. A diferença salarial atinge mais as mulheres hispânicas e negras do que as brancas. Quando falamos sobre discriminação de gênero, temos que ter cuidado para que este não seja a principal categoria de análise, como fizeram algumas feministas no passado. Há outros fatores que prejudicam ainda mais a vida da mulher, como classe, raça, etnia, orientação sexual, deficiência, religião, entre outros. Sim, eu sou mulher, mas também tenho origem persa e porto-riquenha e sou filha de imigrantes da classe trabalhadora (minha avó estudou até a terceira série do ensino fundamental e minha mãe só fez até o ensino médio). O velho conceito de sororidade ignora os aspectos estruturais do capitalismo que beneficiam as mulheres brancas de classe média e prejudicam as mulheres não brancas da classe trabalhadora, algo que as militantes socialistas já haviam compreendido no fim do século XIX. Nos círculos da esquerda, chamamos aqueles marxistas ortodoxos que são obcecados pela solidariedade do proletariado e deixam de lado questões de raça e gênero de "esquerdo-machos". Ao lado de algumas feministas, eles acreditam que focar questões identitárias gera fragmentação e fragiliza os movimentos de massa. Porém, ao olharmos para as estruturas de opressão, é preciso ter consciência das hierarquias de subjugação, inclusive para a construção de coalizões estratégicas.

---

[32] Richard Savill, "Harry Potter and the Mystery of J K's Lost Initial", *Telegraph* (Londres), 19/7/2000, www.telegraph.co.uk/news/uknews/1349288/Harry-Potter-and-the-mystery-of-J-Ks-lost-initial.html; Lillian MacNell, Adam Driscoll e Andrea Hunt, "What's in a Name: Exposing Gender Bias in Student Ratings of Teaching", *Innovative Higher Education* 40, no. 4 (2015): 291-303.

Uma abordagem interseccional, por exemplo, nos ajuda a ver como o setor público criou oportunidades de trabalho importantes para diferentes populações. Enquanto a indústria privada estava dominada por trabalhadores brancos, o governo proporcionou alternativas a trabalhadores e trabalhadoras afro-americanos que tendiam (e ainda tendem) a ser mais empregados no setor público que brancos. Historicamente, o setor público emprega minorias religiosas, pessoas não brancas e mulheres que enfrentam discriminação no setor privado, criando oportunidades de carreira àqueles em desvantagem na competição do livre-mercado. Os cortes no funcionalismo público, após a Grande Recessão, atingiram prioritariamente as mulheres afro-americanas, forçando-as a migrar para o setor privado, onde a percepção sobre o valor do trabalho delas é mais influenciada pela cor da pele e gênero.

Há um estudo clássico mostrando o preconceito de gênero dentro das orquestras sinfônicas. Quase não havia mulheres em orquestras até que foi instituído um processo de seleção no qual uma tela passou a ser colocada separando os candidatos dos avaliadores. Para garantir o total anonimato de gênero, todos tiravam os sapatos e, assim, a diferença de som do andar de homens e mulheres não interferia na decisão final. Quando os músicos passaram a ser julgados apenas pelo talento, "o percentual de mulheres nas cinco maiores orquestras do país [EUA] aumentou de 6%, em 1970, para 21%, em 1993". Esse sistema de audições às cegas também eliminou preconceitos de raça.[33]

Mas não é possível se esconder atrás de uma tela em todas as entrevistas de emprego e interações com possíveis empregado-

---

[33] Claudia Golden e Cecilia Rouse, "Orchestrating Impartiality: The Impact of 'Blind' Auditions on Female Musicians", *American Economic Review* 90, no. 4 (2000): 715-741.

res. Nossos nomes nos denunciam e, mesmo que usemos iniciais ou pseudônimos masculinos, os pronomes e adequações da língua acabam nos expondo. Provar um caso de discriminação é difícil, sem falar que quase nada acontece àqueles que pagam salários menores a mulheres que executam o mesmo trabalho que outros homens. Além disso, como as mulheres ganham menos, faz todo sentido, quando não há alternativa economicamente viável, que elas fiquem em casa cuidando dos filhos pequenos. Se assumem um trabalho de meio período ou com horários mais flexíveis, geralmente não recebem benefícios, e o salário é insuficiente. E como são as mulheres que, por via de regra, se afastam do trabalho para cuidar de crianças, doentes ou idosos da família, a discriminação torna-se culturalmente arraigada. Cria-se o mito da desconfiança e da instabilidade, já que elas podem abandonar o trabalho a qualquer momento (falarei mais sobre isso no próximo capítulo), e o ciclo de dependência econômica em relação ao homem se perpetua.

Para diminuir os efeitos da discriminação e a disparidade salarial, os países socialistas implementaram políticas para incentivar ou exigir a participação das mulheres na força de trabalho. Em maior ou menor grau, todos os países socialistas de Estado da Europa Oriental exigiram a inclusão das mulheres no mercado de trabalho formal. Na União Soviética e principalmente na Europa Oriental, após a Segunda Guerra Mundial, a escassez de mão de obra masculina impulsionou essa medida. Na verdade, as mulheres sempre foram utilizadas como exército industrial de reserva enquanto os homens lutavam na guerra (vide Rosie, a Rebitadora, ícone da mulher trabalhadora nos EUA durante a Segunda Guerra Mundial). Porém, ao contrário dos Estados Unidos e da Alemanha Ocidental, onde as mulheres foram "dispensadas" depois que os soldados voltaram, os países do Leste Europeu garantiram o pleno emprego e ainda despenderam vastos recursos na educação e capacitação das trabalhadoras. As mulheres começaram a atuar em profissões tradicionalmente masculinas, como mineração e serviço militar, e imagens de mulheres dirigindo máquinas pesadas, especialmente tratores, começaram a ser divulgadas em massa.[34]

No *boom* econômico do pós-guerra, enquanto as estadunidenses se preocupavam em equipar a cozinha com os últimos modelos de eletrodomésticos, o governo búlgaro incentivava as jovens a construir uma carreira na nova economia. Em 1954, um documentário estatal de 25 minutos mostrou a vida das mulheres que vinham ajudando a transformar a antiga Bulgária agrícola em uma nova potência industrial moderna. O filme, *Eu sou uma mulher motorista de trator*, retratava o cotidiano de uma brigada jovem feminina. A líder da brigada recebe uma carta de uma camponesa que sonha em ser motorista de trator e, na dramatização da resposta, explica que o socialismo está oferecendo novas oportunidades de trabalho às mulheres, que agora se tornavam iguais aos homens. Nos momentos finais do curta-metragem (que teria sido exibido em salas de cinema de todo o país), junto a uma sequência de cenas de mulheres exercendo funções tipicamente masculinas, a mesma líder diz que, a partir daquele momento, as mulheres búlgaras poderiam ter a profissão que bem entendessem. O filme acaba com uma linda mulher na cabine de pilotagem de um avião. Ela olha para o horizonte e se prepara para levantar voo. A mensagem era clara: para as mulheres búlgaras, o céu era o limite.

---

[34] Elaine Tyler May, *Homeward Bound: American Families in the Cold War Era* (Nova York: Basic Books, 1988); Anna Krylova, *Soviet Women in Combat: A History of Violence on the Eastern Front* (Nova York: Cambridge University Press, 2010).

*

Estatísticas oficiais da Organização Internacional do Trabalho (OIT) demonstram a disparidade entre a participação de homens e mulheres na força de trabalho das economias socialistas de Estado e nas de mercado. Em 1950, as mulheres representavam 51,8% da força de trabalho na URSS, 40,9% na Europa Oriental, 28,3% na América do Norte e 29,6% na Europa Ocidental. Em 1975, Ano Internacional das Mulheres das Nações Unidas, elas representavam 49,7% na União Soviética, 43,7% no Bloco Oriental, 37,4% na América do Norte e 32,7% na Europa Ocidental. Com base nesses dados, a OIT concluiu que, sob o sistema socialista, "homens e mulheres gozavam dos mesmos direitos em todas as áreas da vida econômica, política e social. O exercício desses direitos é garantido por igualdade de oportunidades no acesso à educação, capacitação profissional e trabalho".[35]

Obviamente, os relatos das próprias mulheres complicam o mar de rosas desenhado pela OIT em 1985. Disparidades salariais de gênero continuaram existindo na Europa Oriental. E mesmo com os esforços para incluir a mulher em profissões tradicionalmente masculinas, a divisão sexual do trabalho persistiu. Enquanto as mulheres ocupavam empregos de colarinho branco, no setor de serviços e na indústria leve, os homens conseguiam trabalhos mais bem-remunerados na indústria pesada, mineração e construção. É fato que os salários têm menor importância quando a oferta de bens de consumo é pequena e o emprego formal vem atrelado a benefícios e serviços so-

---

[35] Organização Internacional do Trabalho, "Women in Economic Activity: A Global Statistical Survey (1950-2000)", publicação conjunta da Organização Internacional do Trabalho e INSTRAW, 1985.

ciais estatais. Porém, em muitos países, as mulheres não tinham escolha e eram obrigadas a voltar a trabalhar assim que os filhos atingiam a idade escolar. Nos países socialistas de Estado, sofriam com a dupla jornada (um problema bastante familiar às mulheres trabalhadoras de hoje). A escassez de bens de consumo prejudicava a economia e as pessoas passaram a enfrentar filas para adquirir produtos básicos. No entanto, como trabalhadoras formais, as mulheres contribuíam para a própria aposentadoria e desenvolviam capacidades profissionais próprias. Elas também contavam com assistência médica gratuita, educação pública e uma rede generosa de segurança social, que subsidiava moradia, serviços como água, gás e eletricidade, transporte e alimentos essenciais. Em alguns países, podiam se aposentar até cinco anos antes dos homens.

Apesar dos problemas da economia planificada, o sistema socialista criou uma cultura em que a participação formal da mulher na força de trabalho passou a ser aceita, e até celebrada. Antes da Segunda Guerra Mundial, as sociedades do Bloco Oriental eram profundamente patriarcais e camponesas, mantidas por relações de gênero conservadoras provenientes da tradição cultural e religiosa. As ideologias socialistas desafiaram séculos de subjugação das mulheres. Como a educação e a incorporação das mulheres na força de trabalho eram exigências do Estado, pais e maridos não podiam mais mantê-las em casa. E as mulheres fizeram bom uso das novas oportunidades. Mas quando a taxa de natalidade começou a cair, no final dos anos 1960, muitos líderes do Partido Comunista passaram a temer que, no longo prazo, o investimento nas mulheres prejudicaria a economia. Encomendaram novas pesquisas sociológicas e descobriram que as mulheres realmente sofriam com o acúmulo de responsabilidades da dupla jornada como mães e trabalhadoras. Alguns governos pensaram em permitir a volta da mulher à condição de dependência, mas, quando consultadas, elas rejeitaram o antigo modelo marido/arrimo de família e esposa/dona de casa. Elas queriam trabalhar. Na novela de Natalya Baranskaya sobre uma mãe trabalhadora soviética atormentada, a protagonista jamais cogita largar o emprego e deixa bem claro que ama o trabalho.[36]

Ao analisar as conquistas do socialismo de Estado e a situação da mulher na maioria dos países da Europa Oriental, antes e depois da Segunda Guerra Mundial, a socióloga húngara Zsuzsa Ferge explicou: "De modo geral... a situação *objetiva* da mulher parece ter melhorado no pós-guerra. O trabalho remunerado contribuiu para o bem-estar da família (pelo menos, para a subsistência); o aumento do nível educacional e profissional enriqueceu (na maioria dos casos) a experiência de vida; o novo *status* de assalariada enfraqueceu as relações de opressão dentro e fora da família e a tornou (um pouco) menos subserviente em algumas esferas sociais. Além disso, atenuou a pobreza feminina, em especial no caso das mães, pois praticamente todas começaram a trabalhar, e das mulheres idosas, que conquistaram o direito a pensão". Esses países conseguiram promover a autonomia econômica das mulheres porque tinham como principal empregador o Estado, e fizeram do pleno emprego um direito, assim como uma obrigação cívica. Nos países socialistas democráticos do norte da Europa, a mulher não é obrigada a trabalhar fora de casa, mas o incentivo do Estado vem na forma de serviços sociais que ajudam a população

---

[36] Kristen Ghodsee, "Pressuring the Politburo: The Committee of the Bulgarian Women's Movement and State Socialist Feminism", *Slavic Review* 73, no. 3 (2014): 538-562.

a desempenhar dignamente ambos os papéis – o profissional e o parental.[37]

*

Os Estados socialistas também tentam combater a discriminação no mercado de trabalho oferecendo mais oportunidades de emprego às mulheres no setor público. Embora não seja tão atraente quanto uma *startup*, o governo garante salários iguais (e decentes) a homens e mulheres e oferece suporte às mulheres em relação às obrigações e responsabilidades profissionais e familiares. Segundo um relatório da Organização para a Cooperação e o Desenvolvimento Econômico (OCDE), os países escandinavos são líderes mundiais em igualdade de gênero e quantidade de empregos no setor público. Isso não é coincidência. Em 2015, 30% dos empregos da Noruega estavam no setor público. Na Dinamarca, o índice era de 29,1%, na Suécia, 28,6% e, na Finlândia, 24,9%. Por outro lado, apenas 16,4% da população empregada do Reino Unido trabalhava no setor público e, nos Estados Unidos, 15,3%. O mais impressionante é que as mulheres representavam cerca de 70% dos funcionários públicos na Noruega, Dinamarca, Suécia e Finlândia, sendo que a média da OCDE é de 58%. Os responsáveis pelo relatório explicam que a razão desses números altos é, em parte, a feminização das áreas de educação e enfermagem, e também porque "as condições de trabalho no setor público são mais flexíveis. Por exemplo, em 16 países da OCDE, há maior assistência à criança e à família no setor público do que no privado". Por fim, há

---

[37] Zsuzsa Ferge, "Women and Social Transformation in Central-Eastern Europe". *Czech Sociological Review* 5, no. 2 (1997): 159-178, 161.

estudos que revelam maior diferença salarial entre homens e mulheres no setor privado.[38]

O funcionalismo público já foi maior nos EUA, mas as agências federais começaram a terceirizar, subcontratar do setor privado e, em alguns casos, a simplesmente cortar empregos. Um relatório de 2013 sobre tendências do mercado de trabalho nos EUA mostrou um declínio acentuado no setor público com a diminuição do orçamento dos estados e municípios após a Grande Recessão. Segundo o Hamilton Project, que analisou as reações do governo a recessões, o corte de postos de trabalho na educação, no setor socorrista e no de tráfego aéreo em épocas de alto desemprego dificulta a recuperação da economia e causa mais sofrimento aos cidadãos, particularmente aos mais jovens, que ficam sem professores em sala de aula. Consta nos relatórios do projeto que, "com o fim da Grande Recessão, em junho de 2009, a recuperação seguiu um caminho radicalmente diferente do usual. Nos 46 meses subsequentes às últimas cinco recessões, o governo criou, em média, 1,7 milhão de novos empregos públicos. Em contrapartida, durante a retomada econômica atual, cortou mais de 500 mil, prejudicando as mulheres de forma desproporcional. As políticas adotadas nos últimos tempos resultaram num corte de 2,2 milhões de empregos.

---

[38] Niall McCarthy, "Scandinavia Leads the World in Public Sector Employment", *Forbes*, 21/7/2017, www.forbes.com/sites/niallmccarthy/2017/07/21/scandinavia-leads-the-world-in-public-sector-employment-infographic/#19dd03061820; OCDE, *Government at a Glance*, 2017, 96, www.oecd.org/gov/government-at-a-glance-22214399.htm; Sheila Wild, "The Growing Gender Pay Gap in the Public Sector Is a Problem for Us All", *The Guardian* (Londres), 9/11/2016, www.theguardian.com/public-leaders-network/2015/nov/09/growing-gender-gap-public-sector-equal-pay-day.

Uma contração como essa é algo sem precedentes na história econômica estadunidense recente".[39]

As opiniões sobre o setor público refletem as divergências ideológicas no debate de quem é mais eficiente, o governo ou o mercado. Nos Estados Unidos, os bancos são privados porque a população do país acredita que as instituições estatais (como os bancos postais) tendem a ser mais burocráticas e menos voltadas ao consumidor, comparadas àquelas forçadas a competir no livre-mercado (embora o governo disponibilize um seguro-depósito de até 250 mil dólares e resgate os bancos "grandes demais para quebrar"). Da mesma forma, os EUA rejeitam a implantação de um sistema nacional de saúde porque o sistema privado oferece, supostamente, um serviço melhor a preços mais baixos. Mesmo que inúmeros estudos já tenham provado que isso não procede, as pessoas continuam apegadas à ideia de que a saúde privada é mais eficiente. Outro exemplo está no ensino superior, com a proliferação de universidades com fins lucrativos. Um estudo de 2016 mostra que os diplomas de universidades públicas são mais valorizados pelos empregadores do que aqueles de instituições particulares. No entanto, o governo continua investindo recursos públicos em financiamento estudantil para essas universidades, subsidiando os lucros dos investidores, enquanto o dinheiro poderia ser direcionado à educação pública. Em vários outros lugares, até mesmo em países aliados como o Canadá e o Reino Unido, a população entende que a busca pelo lucro, às vezes, solapa o bem público.[40]

---

[39] Michael Greenstone e Adam Looney, "Should the United States Have 2.2 Million More Jobs?" The Hamilton Project, 3/5/2013, www.hamiltonproject.org/papers/does_the_united_states_have_2.2_million_too_few_jobs.

[40] David J. Deming, Noam Yuchtman, Amira Abulafi, Claudia Goldin

Certamente, pode-se argumentar que, em vez de ampliar o funcionalismo público, o governo poderia sancionar leis voltadas à igualdade salarial e implementar medidas de controle que obriguem o setor privado a remunerar as mulheres de forma mais justa – passo já dado pelo governo islandês no início de 2018 e pelo estado de Massachusetts em 1º julho de 2018. Mas, no que diz respeito à igualdade salarial, a legislação federal é relativamente fraca e sem implementação efetiva, visto que o ônus recai sobre a mulher, que precisa provar na justiça que sofreu discriminação salarial (e quem tem dinheiro suficiente para enfrentar uma ação?). Nenhuma das tentativas de fortalecimento da Lei da Igualdade Salarial, de 1963, obteve apoio republicano no Congresso. Mais recentemente, em abril de 2017, o Projeto de Lei de Equidade de Pagamento não recebeu um único voto republicano.

Críticos também alegam que o investimento em empregos públicos prejudica o crescimento e aleija o setor privado, mas, como já revelado pelo economista Thomas Piketty, a expansão dos postos de trabalho no setor privado é incapaz de reverter a estagnação salarial, a economia baseada no trabalho autônomo (*gig economy*) e o aprofundamento do abismo financeiro entre ricos e pobres. Economistas e legisladores precisam debater os pormenores, mas, como em 2017, oito homens detinham a mesma quantidade de riqueza que 3,6 bilhões de pessoas da metade mais pobre da humanidade, a redistribuição de renda precisa acontecer de qualquer maneira. Os índices de desigual-

---

e Lawrence F. Katz, "The Value of Postsecondary Credentials in the Labor Market: An Experimental Study", *American Economic Review* 106, no. 3 (2016): 778-806; Mehrsa Baradaran, "Postal Banking Worked–Let's Bring It Back", *The Nation*, 7/1/2016, www.thenation.com/article/postal-banking-worked-lets-bring-it-back.

dade atuais são insustentáveis a longo prazo. Em uma economia global, sustentada pelo consumo de massa alimentado pelo crédito, uma hora a bolha vai explodir. Uma crise aguda de superprodução e subconsumo paira no horizonte.[41]

A melhoria dos serviços públicos traria ainda um outro grande apoio às mulheres. Com uma ampla rede de segurança social, os baixos salários do setor privado não impediriam o acesso a saúde, água potável, creche, educação e aposentadoria. Em vez de reivindicar leis que obriguem as empresas privadas a oferecer salários equiparados e oportunidades iguais de promoção, as mulheres poderiam se unir e eleger líderes que reduzam os custos sociais da discriminação de gênero por meio de políticas públicas. Outra alternativa seria a garantia de emprego, como acontecia nos países socialistas de Estado. Esse conceito econômico, usado para evitar o sofrimento da população diante de crises econômicas, é antigo. O Partido Trabalhista do Reino Unido propôs uma medida na qual o Estado, como último recurso, torna-se empregador de jovens de dezoito a vinte e cinco anos que estejam dispostos a trabalhar, mas não encontram trabalho. Economistas discutem políticas de garantia de emprego há décadas. Em 2017, o Centro para o Progresso

---

[41] Thomas Piketty, *O capital no século XXI* (Traduzido por Monica Baumgarten de Bolle. Rio de Janeiro: Intrínseca, 2014); Oxfam International, "Just 8 Men Own Same Wealth as Half the World", 16/1/2017, www.oxfam.org/en/pressroom/pressreleases/2017-01-16/just-8-men-own-same-wealth-half-world. Ver também David Harvey, *17 contradições e o fim do capitalismo* (Traduzido por Rogério Bettoni. São Paulo: Boitempo, 2016); Sif Sigmarsdóttir, "Once More, Iceland Has Shown It Is the Best Place in the World to Be Female", *The Guardian* (Londres), 5/1/2018, www.theguardian.com/commentisfree/2018/jan/05/iceland-female-women-equal-pay-gender-equality.

Norte-americano (CAP) lançou a proposta de um novo "Plano Marshall para os Estados Unidos", que criaria 4,4 milhões de novos empregos. Trata-se de um "programa permanente, em larga escala, de geração de empregos públicos e investimento em infraestrutura, semelhante à Administração de Progresso de Obras (Works Progress Administration – WPA), implementado durante a Grande Depressão, mas adaptado ao século XXI. A ideia é aumentar a oferta de trabalho e os salários daqueles sem diploma universitário, além de disponibilizar serviços básicos hoje inacessíveis a famílias de baixa renda e governos estaduais e locais sem recursos".[42]

Em setembro de 2017, fui à missa com minha avó de 89 anos, na igreja de San Diego que eu frequentava quando criança. No sermão, o padre falou sobre a parábola dos trabalhadores na vinha (Mateus 20:1-16) e disse que aquela era, para os estadunidenses, uma das parábolas mais controversas. Na história de Jesus, um proprietário vai à cidade pela manhã e oferece aos homens um pagamento justo por um dia de trabalho. Ele volta ao meio-dia e no meio da tarde para contratar mais homens. Ao pôr do sol, o proprietário encontra mais homens ociosos e pergunta por que eles não estão trabalhando. Os homens explicam que ninguém os havia contratado naquele dia. O proprietário resolve então contratá-los e, ao fim da jornada, remunera todos igualmente, não importando quanto tempo haviam tra-

---

[42] Center for American Progress, "Toward a Marshall Plan for America: Rebuilding Our Towns, Cities, and the Middle Class", 16/5/2017, www.americanprogress.org/issues/economy/reports/2017/05/16/432499/toward-marshall-plan-america; e Anne Lowrey, "Should the Government Guarantee Everyone a Job?", *The Atlantic*, 18/5/2017, www.theatlantic.com/business/archive/2017/05/should-the-government-guarantee-everyone-a-job/527208.

balhado. Quando os primeiros contratados do dia reclamam de injustiça, o proprietário os repreende. "Eu ofereci um bom pagamento e você aceitou. Não estou sendo injusto. Você está com inveja porque sou generoso?" Embora as parábolas sejam, normalmente, interpretadas de forma alegórica, naquele domingo, o padre fez uma analogia com salários justos e imigração. "O proprietário foi à cidade e contratou homens que precisavam de trabalho", disse. "Ele não checou documentos". Da mesma forma, talvez, essa parábola também remeta à ideia de garantia de emprego. O proprietário ofereceu trabalho a todos aqueles dispostos e aptos, e pagou um salário justo, sem importar quanto tempo eles tinham trabalhado na vinha. Do ponto de vista do proprietário, ele estava apenas ajudando os necessitados. Mas, para os estadunidenses, essa generosidade cheira a coisa de socialista.[43]

Mas sejamos sinceros: garantias de emprego não beneficiariam somente as mulheres. A longo prazo, se os robôs e a inteligência artificial de empresas privadas dominarem a economia, os homens poderão se sentir tão desvalorizados no mercado de trabalho competitivo quanto as mulheres se sentem hoje. No futuro, é possível que os proprietários de vida inorgânica sejam os verdadeiros beneficiados do livre-mercado não regulamentado. O medo de uma crescente automatização do trabalho tem despertado ideias como a Renda Básica Universal (RBU), também chamada de Renda Básica de Cidadania ou Dividendo

---

[43] Minha descrição da parábola é uma paráfrase com base nas anotações que fiz após o sermão. Para uma discussão mais aprofundada sobre as implicações relacionadas a justiça social nesta parábola, ver Matthew Skinner, "Matthew 20:1-16: Justice Comes in the Evening", *HuffingtonPost*, 14/9/2011, www.huffingtonpost.com/matthew-l-skinner/parable-of-the-workers-in-the-vineyard-commentary_b_961120.html.

Universal. Isso garantiria um valor mensal fixo a todos os cidadãos para atender a suas necessidades básicas. Houve um experimento com uma renda básica generosa na Finlândia, e muitas pessoas, em todo o espectro político, já defendem a existência de algum tipo de renda fixa para manter as pessoas protegidas em caso de desemprego. O orçamento viria da tributação do setor privado ou dos lucros de empresas públicas. A RBU poderia contribuir bastante para a igualdade de gênero, uma vez que o trabalho doméstico não remunerado das mulheres passaria a ser financeiramente recompensado. Alguns críticos temem que a renda básica deixe as pessoas preguiçosas ou seja uma maneira de os hiper-ricos comprarem o apoio das massas para derrubarem o Estado de bem-estar social e continuarem a enriquecer. Obviamente, essa é uma ideia que ainda precisa ser muito discutida, principalmente do ponto de vista socialista.[44]

Aconteça o que acontecer, qualquer movimento para assegurar o emprego da população exigirá um crescimento substancial do setor público, o que traria, como benefício adicional, maior igualdade de gênero, já que eliminaria a diferença salarial entre homens e mulheres. A ironia é que, enquanto os regimes socialistas de Estado reduziram a dependência econômica das mulheres tornando todos os gêneros dependentes do Estado, em uma sociedade capitalista, nosso futuro tecnológico é que pode reduzir essa dependência, tornando homens e mulheres

---

[44] Aditya Chakrabortty, "A Basic Income for Everyone? Yes, Finland Shows It Can Really work", *The Guardian* (Londres), 1/11/2017, www.theguardian.com/commentisfree/2017/oct/31/finland-universal-basic-income; para uma excelente crítica sobre renda básica universal, ver Alyssa Battistoni, "The False Promise of Universal Basic Income", *Dissent* (Primavera, 2017), www.dissentmagazine.org/article/false-promise-universal-basic-income-andy-stern-ruger-bregman.

igualmente dependentes da generosidade dos proprietários dos nossos robôs soberanos. Num futuro não tão distante, é possível que Bill tenha que, numa noite de sexta-feira, implorar para que o computador lhe dê uma grana para que possa ir ao bar assistir ao jogo de futebol com os amigos. Haverá justiça cósmica quando a Siri disser a Bill que, infelizmente, a cota de jogos de futebol daquele mês esgotou e, em vez disso, ele terá de dedicar tempo à esposa e às filhas.

2

o que esperar quando você está esperando exploração: maternidade

Lily Braun (1865-1916): Escritora feminista e membro do Partido Social-Democrata da Alemanha. Seu livro *Die Frauenfrage: ihre geschichtliche Entwicklung und ihre wirtschaftliche Seite* [A questão das mulheres: desenvolvimento histórico e o aspecto econômico], de 1901, propôs novas soluções para os desafios enfrentados pelas mães trabalhadoras, como um "seguro-maternidade". Braun era uma militante moderada e reformista, e não acreditava na necessidade de uma revolução para alcançar o socialismo. *Cortesia do Deutsches Historisches Museum.*

Um dos meus amigos de infância – vou chamá-lo de Jake – queria ascender financeiramente em uma sociedade em que o dinheiro refletia uma espécie de superioridade moral. Jake valorizava a ideia do sonho americano. Aos moldes das narrativas de Horatio Alger,[45] acreditava que só conseguiria "ser alguém" se desse o sangue no trabalho. Na época, eu já era feminista e me preocupava com a desigualdade econômica, enquanto Jake, fiel ao espírito da década de 1980, pensava em acumular o máximo de patrimônio antes de morrer. Chegamos a passar horas debatendo os prós e contras do capitalismo, se o thatcherismo e as políticas econômicas de Reagan eram ou não uma merda. Mas Jake incorporou Gordon Gekko[46] e reproduziu o *zeitgeist* da época: "*Greed is good*" – "ter ganância é bom". Ele nunca conseguiu me converter, mas, como vivíamos um período de pouca polarização política, conseguimos manter nossa amizade durante a faculdade. Nos anos 1990, enquanto eu estava pelo

---

[45] N. da T.: Horatio Alger foi um escritor estadunidense. Um tema recorrente de seus livros era a ascensão econômica de meninos pobres por meio de muito trabalho, determinação e honestidade.

[46] N. da T.: Gordon Gekko é um personagem fictício do filme Wall Street (1987), interpretado pelo ator Michael Douglas. Tornou-se um símbolo do especulador inescrupuloso e imortalizou frases como "Greed is Good" (ter ganância é bom).

Japão, lendo Karl Polanyi e dando aulas de inglês, Jake galgava cargos cada vez mais altos em uma *startup* de tecnologia.

Um dia, em 1997, Jake me contou orgulhoso que havia contratado uma jovem promissora para um cargo estratégico na empresa. Ela fora finalista junto a outros dois homens e, como os nossos papos sobre igualdade de gênero ainda ressoavam em seus ouvidos, ele decidira arriscar. "Os três tinham currículos igualmente qualificados", disse, "mas depois de anos ouvindo suas bravatas feministas, convenci meu chefe de que, pelas barreiras que as mulheres costumam enfrentar na área de tecnologia, ela devia ser mais esforçada que os concorrentes". Na época, exausta com o primeiro ano da pós-graduação, a notícia de Jake acalentou meu coração. Senti que havia feito uma pequena contribuição para o mundo.

Nos anos seguintes, a jovem provou ser inteligente, competente e comprometida. A empresa permitiu que ela tirasse três meses de licença remunerada para fazer um curso, preparando-a para uma promoção. E então, ela anunciou que estava grávida. Como licença-maternidade não era um benefício oferecido formalmente pela *startup*, Jake sugeriu ao chefe que lhe desse uma licença remunerada de doze semanas, para ela ficar em casa com o bebê e conseguir encontrar um berçário. Argumentou que, depois de todo o dinheiro investido na funcionária, o retorno viria a longo prazo. Meio a contragosto, o chefe acabou cedendo.

Quando a mulher voltou ao trabalho, esforçou-se ao máximo para atender às demandas. Mas ainda estava amamentando e o bebê não a deixava dormir à noite. Chegava exausta e mal conseguia se preparar para as reuniões. Faltava no trabalho quando ficava sem babá. Acabou conseguindo colocar o filho em uma boa creche, mas era só o menino adoecer que o mandavam de volta para casa. O marido precisava viajar a trabalho e ela não tinha família na região. Jake, sempre otimista, acreditava que as coisas melhorariam quando a criança crescesse um pouco. Ele até se oferecia para ajudar. Mas, depois de seis meses, a talentosa funcionária pediu demissão.

Naquela noite, Jake me ligou. "Nunca mais vou contratar mulher", disse, desanimado e frustrado.

"Mas ela é apenas uma mulher", respondi. "Nem todas farão a mesma escolha".

"Meu chefe jamais vai me autorizar", disse ele, baixinho. "E tem também a questão do bebê. Não posso garantir a competência de nenhum funcionário, mas sei que homem nenhum tem bebê."

*

Acho que desliguei na cara dele. Mas, na verdade, a culpa não era de Jake. O que ele poderia fazer se o sistema não oferece apoio às mulheres que se tornam mães e as obriga a escolher entre carreira e família? Os economistas chamam isso de "discriminação estatística". Como os empregadores não conseguem observar a produtividade de cada trabalhador, fazem avaliações a partir de características correlacionadas ao perfil demográfico e tomam decisões baseados na média: se as mulheres, como um todo, têm maior probabilidade de deixar o emprego por razões pessoais, pressupõem que isso se aplica a todas as mulheres. Segundo os economistas, a discriminação estatística gera um ciclo vicioso. Já que as mulheres são (ou eram) mais propensas a se demitir do trabalho, os salários delas são mais baixos. E se ganham menos, é mais provável que se demitam. Uma situação que justifica uma intervenção governamental.[47]

---

[47] A. Michael Spence, *Market Signaling: Informational Transfer in*

A percepção de que a produtividade da mulher é inferior à do homem está relacionada à sua capacidade biológica de gestar e amamentar e à expectativa social de que ela é a principal responsável pelos bebês e pelas crianças pequenas. No maravilhoso imaginário patriarcal, essa capacidade supostamente inata também nos torna responsáveis pelos familiares doentes, fracos e idosos. E já que estamos em casa mesmo, é nossa obrigação ir ao mercado, cozinhar, limpar e dispor de toda a carga mental necessária para manter o lar funcionando, certo? Alguém tem que fazer isso, e esse alguém é quase sempre a mulher. Em parte, por uma questão de logística, mas também porque somos ensinadas, desde crianças, a acreditar que esse é o nosso papel natural na sociedade. Bonecas, panelinhas e eletrodomésticos de brinquedo são feitos para as meninas praticarem os trabalhos que vão realizar quando forem adultas.

Os empregadores tendem a discriminar pessoas cujos corpos podem gerar filhos porque a sociedade atribuiu certas características às donas desses corpos. Quando os especialistas falam de homens e mulheres, geralmente fazem distinção entre "sexo" e "gênero". "Sexo" está relacionado à diferença biológica e "gênero", ao papel social que cada cultura espera daqueles que detêm tais características biológicas. Por exemplo, sou do sexo feminino porque tenho o equipamento fisiológico para a reprodução, mas também sou do gênero feminino porque, de muitas maneiras, estou em conformidade com o imaginário da sociedade estadunidense contemporânea: meu cabelo é comprido; uso saia, joias e maquiagem; gosto de comédias românticas e produtos para banho e, por mais que eu diga que é para cuidar da saúde, faço uma hora de esteira por dia porque me preocupo com meu peso

---

Hiring and Related Screen Processes (Cambridge: Harvard University Press, 1974).

(ok, talvez não todo dia e apenas 45 minutos, mas você entendeu meu ponto). Em outros aspectos, minha identidade de gênero é mais masculina: sempre trabalhei em período integral e ganhei meu próprio dinheiro; gosto de futebol, ficção científica e filmes de ação; amo uma boa cerveja e, embora tente ser educada, sempre digo o que penso, mesmo que isso possa ofender. Não tolero ignorância, mesmo que, na opinião de muitos, a mulher tenha que responder a brincadeiras sexistas, assédios morais e comentários idiotas com um sorriso.

A discriminação de gênero existe porque a sociedade construiu arquétipos do homem e da mulher ideal com base em suas diferenças biológicas, supostamente naturais. Não quero dizer que homens e mulheres sejam iguais – porque não são –, mas que nossas crenças sobre a forma como devem se comportar são uma invenção coletiva e, ainda que uma invenção poderosa, uma invenção. Quando um aluno considera uma professora menos qualificada que um professor, talvez pressuponha que o homem tem mais tempo e energia para se dedicar ao trabalho, sem a interferência de problemas domésticos. Quando empregadores como o chefe do meu amigo Jake recebem o currículo de uma mulher, pensam automaticamente que "mulher" significa possível mãe, com obrigações que precedem a carreira. Os empregadores também entendem que os homens priorizam a carreira porque, por uma questão biológica, são menos apegados aos filhos. Mesmo que alguns homens decidam assumir o trabalho de cuidado da casa e algumas mulheres se esterilizem para superar o desafio de equilibrar carreira e família, os estereótipos de gênero estão enraizados. A ideia de que existe uma ligação "natural" entre as escolhas da vida e o sexo biológico faz parte do imaginário coletivo.

Eu fazia um exercício em sala de aula para os alunos refletirem sobre sexo e gênero. Usava o cenário do clássico romance de ficção científica de Ursula Le Guin, *A mão esquerda da escuridão*, em que um homem terrestre é enviado para trabalhar num planeta de "hermafroditas bissexuais", ou seja, onde todos os habitantes possuem órgãos sexuais e hormônios masculinos e femininos. Na história, há períodos de sete dias por mês em que uma parcela da população sente um calor: um desejo irresistível de copular. Quando os casais se aproximam, um indivíduo cumpre a função do homem e o outro, a da mulher. Em qualquer relação sexual, um dos parceiros se torna aleatoriamente masculino ou feminino. E aquele que se torna mulher pode engravidar e, então, passar pelo período de gestação de nove meses. Quando os habitantes não estão copulando nem gestando um filho, voltam ao estado neutro até que venha a próxima onde calor, e o processo se repete. Qualquer um pode ser pai ou mãe e tem o mesmo "risco" de engravidar e parir um bebê.

Quando pedia aos meus alunos que imaginassem como seria organizada a sociedade nesse planeta ficcional em comparação aos Estados Unidos, eles diziam que a primeira diferença seria a falta de discriminação sexual, já que todos seriam biologicamente idênticos. Sendo "hermafroditas", não haveria como usar o sexo biológico para criar hierarquias. Claro que "hermafroditas bissexuais" mais atraentes poderiam gozar de mais privilégios, e os idosos teriam mais poder sobre os jovens, mas a discriminação não seria contra quem tem a capacidade de gerar bebês. Da mesma forma, como a maioria dos membros dessa sociedade seria mãe e pai de vários filhos, os papéis sociais associados à biologia seriam iguais para todos. Meus alunos também apontavam que seria uma sociedade organizada para atender as demandas da gravidez e do parto, uma vez que todos se beneficiariam das estruturas coletivas de apoio.

*

Há muito tempo que os socialistas entendem que a igualdade entre homens e mulheres, mesmo com diferenças biológicas, requer estruturas de apoio coletivo à criação dos filhos. Em meados do século xix, quando as mulheres se tornaram grande parte da força de trabalho industrial da Europa, partiu dos socialistas a ideia de que não seria possível construir movimentos trabalhistas fortes sem a participação das mulheres. Em 1897, a feminista alemã Lily Braun já defendia uma "licença-maternidade" financiada pelo Estado, na qual as trabalhadoras teriam o direito de permanecer em casa junto ao bebê, antes e depois do parto, sem deixar de receber salário nem correr o risco de perder o emprego. É importante lembrar que, em 1891, na Alemanha, as operárias das fábricas ainda trabalhavam, no mínimo, sessenta e cinco horas semanais, mesmo grávidas. As mulheres e meninas permaneciam na linha de montagem até darem à luz e, se não tivessem marido nem família para sustentá-las, retornavam ao trabalho imediatamente após o parto. Por essas condições adversas, a taxa de mortalidade infantil e materna da classe trabalhadora era mais que o dobro que a da classe média.

Embora as feministas britânicas e estadunidenses tentassem ajudar as mães trabalhadoras por meio de instituições de caridade não governamentais, Braun propôs que os recursos para a licença-maternidade remunerada deveriam ser arrecadados por meio de políticas de imposto progressivo. Dessa forma, o governo alemão poderia pagar o salário da mulher por um período fixo, antes e depois do nascimento do filho. Todos os cidadãos contribuiriam com esse fundo destinado especificamente às novas mães, como acontecia com outros benefícios estatais, como seguro-desemprego e pensão. Braun afirmava que, como o nascimento de bebês beneficiava toda a sociedade, esta deveria contribuir para a criação deles. Afinal, as crianças são os futuros soldados, trabalhadores e contribuintes. Elas são um benefício para todos, não apenas para os pais que as colocam no mundo (e quando chegam na adolescência, às vezes, não beneficiam os pais tanto assim). Isso acontece especialmente em Estados etnicamente homogêneos, onde a sociedade se preocupa com a preservação de uma identidade nacional em particular.[48]

Mas as propostas de Braun custavam muito caro. Dependiam da criação de novos impostos e redistribuiriam a riqueza para as classes trabalhadoras, algo a que muitos homens e mulheres da classe média se opunham. Braun também enfrentou, inicialmente, oposição da esquerda. Como era reformista e acreditava que os benefícios ligados ao auxílio-maternidade poderiam ser implementados sob o regime capitalista, socialistas alemães mais radicais, como Clara Zetkin, rejeitaram a ideia, alegando que só poderiam ser realmente consolidados sob uma economia socialista. Braun também defendia soluções de vida comunitária (comunas) em vez de financiamento público para berçários e pré-escolas, enquanto Zetkin acreditava que o trabalho doméstico e os cuidados na primeira infância deveriam ser socializados. No entanto, as propostas de Braun acabaram sendo aprovadas, ao menos em parte, em 1899. E na Segunda Conferência Internacional das Mulheres Socialistas, em 1910, foram incorporadas à plataforma socialista com o apoio de Clara Zetkin e da russa Alexandra Kollontai.

O quarto ponto dessa plataforma de 1910 fundou as bases de todas as políticas socialistas subsequentes em relação às responsabilidades do Estado para com as mulheres trabalhadoras. Com a bandeira "Proteção e Provisão Social da Maternidade e

---

[48] Alfred Meyer, *The Feminism and Socialism of Lily Braun* (Bloomington: Indiana University Press, 1986), 66.

Primeira Infância", as mulheres da Segunda Internacional exigiram jornadas de trabalho de oito horas por dia. Propuseram também que as mulheres grávidas parassem de trabalhar (sem necessidade de aviso prévio) oito semanas antes da data prevista para o parto e tivessem "licença-maternidade" remunerada de oito semanas caso o bebê sobrevivesse, que poderia ser estendida para treze semanas se a mãe tivesse condições e quisesse amamentar. No caso de um bebê natimorto, a licença seria de seis semanas. Todas as mulheres, "incluindo as camponesas, donas de casa e empregadas domésticas" gozariam desses benefícios, que viriam de um fundo especial permanente fruto de arrecadação tributária.[49]

Sete anos depois, Kollontai tentou implementar algumas dessas políticas na União Soviética, com a Revolução Bolchevique. Para não sobrecarregar as mulheres com as tarefas domésticas e os cuidados com os filhos, além do trabalho industrial, o recém-formado Estado soviético construiu jardins de infância, creches, instituições de acolhimento, refeitórios e lavanderias públicas. Em 1919, o 8º Congresso do Partido Comunista conferiu a Kollontai o poder de expandir o trabalho de apoio às mulheres e garantir o comprometimento do Estado e a arrecadação dos fundos necessários para a construção de uma ampla rede de serviços sociais. No mesmo ano foi criada a Jenotdel, diretório das mulheres que passou a supervisionar o programa radical de reforma social que levaria à emancipação total da mulher.[50]

---

[49] Congresso Internacional Socialista, 1910; Segunda Conferência Internacional de Mulheres Socialistas, archive.org/details/InternationalSocialistCongress1910SecondInternationalConferenceOf, 22.
[50] Richard Stites, *The Women's Liberation Movement in Russia: Feminism, Nihilism and Bolshevism*, 1860-1930 (Princeton: Princeton

Mas o entusiasmo soviético pela emancipação feminina logo evaporou diante de preocupações demográficas, econômicas e políticas mais urgentes. Depois que o país foi devastado pela Primeira Guerra Mundial, pela Guerra Civil e pela fome de 1921 e 1922, Lenin e os bolcheviques não conseguiram mais bancar o plano de Kollontai. Centenas de milhares de órfãos de guerra passaram a vagar e atormentar os moradores das principais cidades com pequenos crimes e furtos. O Estado carecia de recursos para lidar com a situação, e os abrigos infantis estavam sobrecarregados e com falta de pessoal. Com a liberalização das leis do divórcio, os pais abandonavam as esposas grávidas. A implementação precária das leis de pensão alimentícia permitia, com frequência, que os homens sobreviventes das guerras e da fome se esquivassem de suas responsabilidades familiares. As mulheres trabalhadoras não conseguiam sustentar os filhos e esperavam que o Estado fosse intervir e ajudá-las, como haviam prometido Kollontai e outras militantes feministas. Em 1920, a União Soviética também se tornou o primeiro país da Europa a legalizar o direito ao aborto durante as primeiras doze semanas de gravidez e, quando as mulheres passaram a conter a expansão da família, as taxas de natalidade despencaram. Com o tempo, emergiu o medo de que a queda da taxa de natalidade,

---

University Press, 1978); Gail Lapidus, *Women in Soviet Society: Equality, Development, and Social Change* (Berkeley: University of California Press, 1978); Beatrice Brodsky Farnsworth, "Bolshevism, the Woman Question, and Aleksandra Kollontai", *American Historical Review* 81, no. 2 (1976): 292-316, 296; Elizabeth Wood, *The Baba and the Comrade: Gender and Politics in Revolutionary Russia* (Bloomington: Indiana University Press, 1997).

combinada às devastações das guerras e da fome, inviabilizasse os planos de modernização rápida do país.[51]

Ninguém queria que a independência econômica das mulheres viesse às custas da maternidade, mas foi o que aconteceu. À medida que as demandas de trabalho das mulheres soviéticas aumentavam, elas passaram a postergar ou limitar a gravidez. Stalin acabou extinguindo a Jenotdel, alegando que a "questão da mulher" já havia sido solucionada. Em 1936, ele reverteu a maioria das políticas anteriores, proibiu o aborto e restabeleceu a família tradicional, sem falar da institucionalização do terror estatal e de expurgos arbitrários. O rápido crescimento industrial soviético exigia que as mulheres trabalhassem, procriassem e se responsabilizassem por todo o trabalho de cuidado que o primeiro Estado socialista do mundo ainda não tinha condições de financiar. Por fim, a emancipação das mulheres soviéticas ficou muito longe de acontecer, e Alexandra Kollontai passou boa parte do resto de sua vida em exílio diplomático.

*

Embora a experiência soviética tenha fracassado, as ideias de Braun e o programa das mulheres socialistas de 1910 encontraram solo fértil nas sociais-democracias da Escandinávia. Já em 1901, os dinamarqueses ofereciam licença-maternidade de duas semanas e, em 1960, instituíram o direito à licença remunerada universal a todas as trabalhadoras, financiada pelo Estado. Em 1919, a Finlândia aprovou a licença-maternidade para mulheres profissionais e operárias e, em 1922, acrescen-

---

[51] Alexandre Avdeev, Alain Blum e Irina Troitskaya, "The History of Abortion Statistics in Russia and the USSR from 1990 to 1991", *Population 7* (1995): 452.

tou dispositivos para a estabilidade das mães trabalhadoras. A Suécia introduziu uma licença-maternidade não remunerada de quatro semanas em 1901 e, em 1963, o governo passou a garantir licença-maternidade de 180 dias com estabilidade e remuneração equivalente a 80% do salário. Compare isso aos Estados Unidos, que, até 1978, não haviam sequer aprovado uma lei contra a discriminação de mulheres grávidas. As estadunidenses só conquistaram o benefício da licença-maternidade não remunerada no nível federal em 1993. Até hoje, a licença-maternidade remunerada não é obrigatória no país (mas, até aí, também não temos direito a licença médica remunerada).[52]

Os países da Europa Oriental também foram precursores na questão. Em 1924, a Polônia passou a oferecer doze semanas de licença-maternidade remunerada, mas a maioria dos demais países consolidou políticas após a Segunda Guerra Mundial. Como a mão de obra masculina estava escassa e os governos haviam investido muito dinheiro na educação e capacitação das mulheres, era imprescindível que elas trabalhassem (lembre-se do raciocínio de Jake no início do capítulo). Sendo assim, os tchecoslovacos aprovaram as primeiras políticas de apoio à maternidade em 1948 e, em 1956, o Código do Trabalho instituiu dezoito semanas remuneradas, com estabilidade. Na Bulgária, a licença-maternidade já estava prevista na Constituição de 1971 e, em 1973, as búlgaras passaram a ter direito a licença remunerada de 120 dias, antes e depois do nascimento do primeiro filho, além de mais seis meses com remuneração de um salário míni-

---

[52] CESifo: DICE [Database for International Comparisons in Europe], *Parental Leave Entitlements: Historical Perspectives* (Around 1870-2014), www.cesifo-group.de/ifoHome/facts/DICE/Social-Policy/Family/Work-Family-Balance/parental-leave-entitlements-historical-perspective/fileBinary/parental-leave-entitlements-historical-perspective.pdf.

mo. As mães também podiam tirar uma licença não remunerada até o filho completar três anos de idade e ter direito a uma vaga em uma pré-escola pública. O período de licença garantia estabilidade no emprego e era computado no sistema de previdência social. Uma emenda posterior permitiu que pais e avós tirassem licença parental no lugar da mãe. Enquanto permaneciam afastados, o trabalho era realizado por recém-formados na escola. (A Bulgária oferecia ensino superior gratuito àqueles que prestassem algum tipo de serviço público depois de formados. Com esse programa de estágio, os jovens adquiriam experiência profissional, e os trabalhadores e as trabalhadoras podiam reaver o emprego após o término da licença).[53]

A decisão de 1973 do Comitê Político Búlgaro também definia como os homens deveriam ser mais ativos nas tarefas domésticas: "O trabalho doméstico das mulheres só pode ser reduzido e atenuado com a cooperação de ambos os cônjuges na organização da vida familiar. Portanto, é imperativo: a) combater visões, hábitos e atitudes retrógradas no que diz respeito à divisão do trabalho no lar; b) preparar os rapazes para o desempenho das tarefas domésticas desde a infância e adolescência é função da escola, da família e da sociedade".[54]

A revista feminina búlgara *Jenata Dnes* (жената днес – A Mulher Hoje) publicava artigos incentivando os homens a dividirem as tarefas domésticas e a serem pais mais participativos. Em organizações mistas da juventude, como a Jovens Pioneiros

---

[53] Artigo 43, parágrafo 1, *Constituição da República Popular da Bulgária*, 1971, parliament.bg/bg/19 (em búlgaro); Milanka Vidova, Nevyana Abadjieva e Roumyana Gancheva, 100 *Questions and Answers Concerning Bulgarian Women* (Sofia, Bulgária: Sofia Press, 1983).

[54] *Enhancing the Role of Women in the Building of a Developed Socialist Society: Decision of the Politbuvo of the Central Committee of the*

e a Komsomol, meninos e meninas eram educados a se tratarem com igualdade e atribuírem igual importância ao papel de ambos (embora fossem diferentes) na construção de uma sociedade socialista. O serviço militar obrigatório dos homens, após o ensino médio, e o trabalho reprodutivo das mulheres eram vistos como contribuições equivalentes à nação. No final, essas políticas não suprimiram os papéis tradicionais de gênero, mas precisamos reconhecer as tentativas de reformulação das visões de masculinidade e feminilidade. De fato, incentivos estatais à participação dos homens no trabalho doméstico e na criação dos filhos podem ser encontrados na Alemanha Oriental e Tchecoslováquia desde a década de 1950. No entanto, diante do comportamento refratário dos homens, os esforços do governo passaram, então, a ser direcionados à socialização do trabalho doméstico e de cuidados, na esperança de expandir a rede de cozinhas e lavanderias comunitárias pelo país.

Em 1817, o socialista utópico britânico Robert Owen já sugeria que as crianças com mais de três anos deveriam ser criadas pela comunidade local, não pelo núcleo familiar, e essa ideia de participação pública no cuidado infantil influenciou todos os experimentos de socialismo de Estado do século XX. Além de instituir a licença-maternidade, países como Polônia, Hungria, Tchecoslováquia, Bulgária, Alemanha Oriental e Iugoslávia investiram na construção de creches (do nascimento aos três anos de idade) e pré-escolas (para crianças de três a seis anos) para manter as mulheres na força de trabalho. Obviamente, a qualidade dessas instalações variava de região para região e, muitas vezes, deixava a desejar – as crianças pegavam muitas doenças e os funcionários ficavam sobrecarregados com tanta demanda (problemas comuns nas creches de hoje em dia).

Bulgarian Communist Party of March 6, 1973 (Sofia: Sofia Press, 1974).

Como tende a acontecer nas economias planificadas, a alocação de recursos era ineficiente e a procura sempre excedia a oferta. Em minha pesquisa no arquivo do Comitê das Mulheres Búlgaras, por exemplo, encontrei muitas cartas enviadas aos ministérios responsáveis reclamando da falta de financiamento nas creches e pré-escolas. Aqui, mais uma vez, Suécia, Noruega, Dinamarca e Finlândia, no norte da Europa, se saíram melhor. Para garantir o pleno emprego às mulheres, esses países investiram muito dinheiro público em creches. No final da Guerra Fria, as taxas de participação feminina na força de trabalho da Escandinávia só eram inferiores às do Bloco Oriental.[55]

Após a publicação do meu artigo no *The New York Times*, recebi inúmeras mensagens de leitoras do Ocidente desabafando. Mulheres que cresceram no Bloco Oriental também me escreveram relatando suas memórias e opiniões sobre a vida sob o socialismo, comprovando que nem tudo atrás da Cortina de Ferro era sombrio. Minha carta favorita veio de uma mulher nascida em 1943. Ela vive hoje na Suíça, mas cresceu em uma família de classe média na Tchecoslováquia, e detalhou suas lembranças dos tempos do socialismo de Estado:

> Quando me casei, tínhamos que trabalhar para pagar o apartamento e os móveis. Em um ano, nasceu nossa primeira filha. Depois da "generosa" licença-maternidade de oito meses, voltei ao trabalho. Passei a acordar nossa filhinha todas as manhãs às 5h30 porque a creche abria às 6h e levávamos 15 minutos para chegar

---

[55] Josie McLellan, *Love in the Time of Communism: Intimacy and Sexuality in the* GDR (Nova York: Cambridge University Press, 2011); Kristen Ghodsee, "Pressuring the Politburo: The Committee of the Bulgarian Women's Movement and State Socialist Feminism", *Slavic Review* 73, no. 3 (2014): 538-562.

lá de bonde. Na creche, eu tinha que colocar o uniforme nela e correr para alcançar o ônibus das 6h30 para ir para o trabalho. Muitas vezes, eu entrava no ônibus com as portas se fechando e parte do meu casaco ficava para o lado de fora. Na época, meu marido saía do trabalho às 14h, então ele pegava nossa filha, passava no mercado e preparava o jantar antes do meu retorno, por volta das 17h. Colocávamos nossa filha na cama logo na sequência porque, na manhã seguinte, seria a mesma correria. Meu marido e eu terminávamos todos os dias exaustos...[56]

Ao descrever sua antiga vida, a leitora tcheco-suíça queria, na verdade, *fazer uma crítica* à versão alemã do artigo. Achava que a rotina era corrida demais para conseguir fazer sexo com o marido. Como mãe e trabalhadora, sei o quanto é difícil conciliar trabalho e família, mas talvez essa senhora (com 74 anos quando me escreveu, em 2017) não tenha se dado conta de como sua vida na Tchecoslováquia socialista era privilegiada se comparada à da trabalhadora de hoje. Na crítica, ela mencionou que tinha apartamento próprio, usufruíra de uma licença-maternidade de oito meses, a filha frequentava uma creche pública a quinze minutos de casa e o marido, por sair do trabalho às duas da tarde, tinha tempo de buscar a criança, passar no mercado e preparar o jantar antes de ela chegar, às cinco. Disse que os dois ficavam exaustos com aquela "vida corrida", mas desconfio de que ela não faça ideia de como essa rotina pode parecer maravilhosa às mulheres que tentam conciliar trabalho e família nos dias atuais, incluindo as europeias. Na verdade, a Cooperativa de Pornografia das Mulheres de Cambridge [Cambridge Women's Pornography Cooperative] publicou um livro chamado *Porn for Women* [Pornô para mulheres] que retrata,

---

[56] Uma leitora, comunicação pessoal por e-mail com a autora, 4/10/2017.

justamente, homens que vão buscar os filhos, fazem as compras e preparam o jantar antes das esposas chegarem do trabalho.[57]

*

Para muitas mulheres, ter serviços de cuidado infantil acessível e de qualidade é mais importante que licença-maternidade, especialmente se esta não vier atrelada à estabilidade no emprego. Quando me tornei professora assistente, morava longe da família e tinha que deixar minha filha pequena na creche do campus em período integral, durante cinco dias da semana. Uma colega tinha três filhos com menos de quatro anos de idade, duas meninas gêmeas de três anos e um menino de um. Essa colega, que chamarei de Leslie, já era uma profissional estabelecida antes de ser mãe e, como não queria abandonar a carreira, aceitou um emprego de meio período bem inferior a suas qualificações. O marido dela também diminuiu a carga horária de trabalho para quatro dias por semana. O custo da creche para os três filhos vinha deduzido na folha de pagamento e, em todo final de mês, ela aparecia no meu escritório com o holerite. Descontados os impostos, o seguro e a creche, sobravam cerca de setenta centavos. Ela trabalhava trinta horas semanais e ainda dedicava um tempo extra a eventos noturnos por uma remuneração líquida de menos de nove dólares *por ano*. E ela fez isso durante três anos!

Certa vez, perguntei a Leslie por que ela não ficava em casa com as crianças. Ela admitiu que isso lhe passava pela cabeça,

---

[57] Kristen R. Ghodsee, "Sozialismus und Sex", *Die Weltwoche*, 2017, www.weltwoche.ch/ausgaben/2017-34/artikel/sozialismus-und-sex-die-weltwoche-ausgabe-342017.html; Cambridge Women's Pornography Cooperative, *Porn for Women* (São Francisco: Chronicle Books, 2007).

mas não queria abandonar a carreira e temia ficar com uma lacuna no currículo. "Já vi muitas profissionais ficarem para trás depois de um tempo longe do mercado de trabalho", explicou. "Estou trabalhando sem ganhar praticamente nada, mas o esforço vai valer à pena. Quando meus filhos tiverem idade para ir à escola, não terei problemas para conseguir outro emprego de período integral".

Compare a situação de Leslie com a de Ilse, nome dado à típica mulher da Alemanha Oriental, criada a partir de pesquisas sobre as mulheres que cresceram na região durante os anos 1980. Logo após a Segunda Guerra Mundial, os alemães orientais incorporaram as mulheres à força de trabalho. O Estado passou a oferecer apoio à profissionalização das mulheres e, embora incentivasse o casamento, não era necessário ser esposa para tornar-se mãe. Como não havia muitos homens disponíveis, o governo investiu pesado em redes de apoio a mães que criavam os filhos sozinhas. O governo da Alemanha Oriental idealizava a maternidade precoce e construiu, por exemplo, dormitórios especiais dentro das universidades para que as estudantes pudessem viver com seus bebês. Ilse – a típica mulher da Alemanha Oriental – teria seu primeiro filho aos 24 anos, provavelmente antes de se formar na faculdade e antes do declínio da fertilidade, associado à gravidez tardia. O governo subsidiava moradia, vestuário infantil, alimentação básica e outras despesas relacionadas à criação dos filhos. Também oferecia acesso a berçário e creche sempre que necessário. Em 1989, os bebês de pais não casados representavam cerca de 34% de todos os nascimentos (na Alemanha Ocidental, eram apenas 10%), mas, diferentemente do que acontecia na maioria dos países do Bloco Ocidental, ser mãe solo não levava à miséria. Um amigo búlgaro que se formou em Leipzig nos anos 1990 lembra-se de que demorou três anos para perceber que duas estudantes com as quais convivia eram mães de crianças pequenas. A maternidade não sacrificava a educação dessas jovens porque elas podiam deixar os bebês em berçários dentro do campus.[58]

Por outro lado, as mulheres da Alemanha Ocidental – assim como as dos Estados Unidos – voltaram a ser donas de casa dependentes do marido após a Segunda Guerra Mundial, com a vida resumida a *Kinder, Küche, Kirche* (criança, cozinha, igreja). Como já apontado, na Alemanha Ocidental, a mulher só pôde trabalhar sem o consentimento do marido após 1957, e, até 1977, a lei não permitia que deixasse a vida profissional comprometer as responsabilidades domésticas. Na prática, pelo horário escolar e a falta de estrutura de cuidado para as crianças depois da aula, era quase impossível para a alemã ocidental trabalhar em período integral. As mães casadas acabavam, na maioria das vezes, optando por empregos de meio período, e a diferença salarial entre gêneros era muito maior que a do Oriente.[59]

*

Obviamente, nem todos os países socialistas se preocupavam com a independência econômica das mulheres como a Alemanha Oriental, que travava sua própria Guerra Fria com o lado ocidental. Em 1955, os soviéticos voltaram a legalizar o

---

[58] Myra Marx Ferre, *Varieties of Feminism: German Gender Politics in a Global Perspective* (Stanford: Stanford University Press, 2012), 161; Cynthia Gabriel, "'Now It Is Completely the Other Way Around': Political Economies of Fertility in Re-Unified Germany", em *Barren States: The Population "Implosion" in Europe*, editado por Carrie B. Douglass (Nova York: Berg, 2005), 73-92.

[59] Dagmar Herzog, *Sex After Fascism: Memory and Morality in Twentieth-Century Germany* (Princeton: Princeton University Press,

aborto, mas sem abandonar as políticas natalistas nem introduzir qualquer tipo de educação sexual no discurso público. A Romênia e a Albânia eram *péssimas* em termos de liberdade reprodutiva das mulheres, e elas acabavam forçadas a ter filhos por falta de acesso a métodos contraceptivos, educação sexual e aborto. Embora fosse inicialmente legalizado na Romênia, o infame Decreto 770, de 1966, proibiu o aborto como medida para reverter a queda do crescimento populacional. Na década de 1980, a lei ficou mais rigorosa, obrigando todas as mulheres em idade reprodutiva a passar por exames ginecológicos. O Estado romeno basicamente se apropriou do corpo das mulheres, que recorriam a abortos ilegais e perigosos, como retratado no brilhante filme 4 *meses, 3 semanas e 2 dias*, de 2007.[60]

O ponto-chave é que não é necessário um regime autoritário para implementar políticas que mitiguem os conflitos da mulher em relação à vida profissional e familiar. Hoje, quase todos os países do mundo garantem às mulheres algum tipo de licença-maternidade remunerada, e muitos estão instituindo licenças parentais com componentes obrigatórios de licença-paternidade. Na Islândia, país com maior igualdade de gênero do mundo segundo o Fórum Econômico Mundial, os pais têm direito a noventa dias de licença, e 90% deles tiram o período de afastamento. O governo incentiva pai e mãe a somarem suas responsabilidades profissionais e familiares, seguindo rumo à plena igualdade de gênero, tanto em casa quanto no trabalho.[61]

2005); Helen Frink, *Women After Communism: The East German Experience* (Lanham: University Press of America, 2001).

[60] Gail Kligman, *The Politics of Duplicity: Controlling Reproduction in Ceausescu's Romania* (Berkeley: University of California Press, 1998).

[61] Jessica Deahl, "Countries Around the World Beat the u.s. on Paid Parental Leave", National Public Radio, 6/10/2016, www.npr.

Embora o socialismo de Estado tivesse suas desvantagens, a mudança radical na vida das mulheres da Europa Oriental após 1989 mostra que o livre-mercado corroeu o potencial de autonomia econômica feminina. Na Europa Central, por exemplo, os governos pós-1989 investiram na "restruturação da família tradicional" como forma de sustentar a transição para o capitalismo neoliberal. Quando as empresas estatais fecharam as portas ou foram privatizadas, as taxas de desemprego dispararam. Eram muitos trabalhadores para poucos empregos. Ao mesmo tempo, os novos Estados democráticos pararam de financiar creches e pré-escolas. Estruturas públicas voltadas ao cuidado da criança foram fechadas e as novas instituições privadas eram financeiramente inacessíveis a grande parte da população. Alguns governos tentaram compensar os cortes estendendo a licença parental para até quatro anos, mas com remuneração salarial baixa e sem estabilidade no emprego.[62]

Com essas novas políticas, as mulheres foram forçadas a voltar para casa. Sem creches públicas e licença-maternidade bem remunerada, e com um exército de desempregados, muitas mulheres foram expulsas do mercado de trabalho. Do ponto de vista macroeconômico, isso se mostrou uma bênção para o processo de transição econômica desses Estados. As taxas de desemprego caíram (e, assim, a necessidade de benefícios sociais), e as mulheres voltaram a realizar o trabalho de cuidado não remunerado, antes subsidiado pelo Estado para promover a igualdade de gênero. Mais tarde, quando os cortes atingiram

---

org/2016/10/06/495839588/countries-around-the-world-beat-the-u-s-on-paid-parental-leave.

[62] Steven Saxonberg e Tomas Sirovatka, "Failing Family Policy in Post-Communist Central Europe", *Journal of Comparative Policy Analysis* 8, no. 2 (2006): 185-202.

os aposentados e o sistema de saúde, as mulheres, que já estavam em casa cuidando dos filhos, passaram também a cuidar dos doentes e idosos, gerando grande economia para os cofres públicos.[63]

Dado que muitas mulheres preferiam o emprego formal ao incansável trabalho doméstico não remunerado, não é de se estranhar que as taxas de natalidade tenham caído após 1989. Embora fossem mais altos na Europa Oriental que na Ocidental, esses índices começaram a cair assim que começou o processo de reestruturação familiar. A institucionalização do livre-mercado prejudicou a formação de novas famílias, em vez de ajudar. E em nenhum lugar isso foi mais grave que no leste da Alemanha reunificada. Com o aumento do desemprego e o fim das creches subsidiadas, o país enfrentou uma queda descoordenada sem precedentes no crescimento populacional, que a imprensa apelidou de "greve do nascimento". Num período de cinco anos, a taxa de natalidade na região caiu 60%. Mesmo com a recuperação no número de nascimentos em alguns países na década de 1990, as antigas nações socialistas estatais da Europa Oriental têm, atualmente, alguns dos índices mais baixos do mundo. Em 2017, a Bulgária registrou a queda no crescimento populacional mais acelerada do mundo. Dos vinte países com menor expectativa de crescimento populacional até 2030, dezesseis são antigas nações socialistas de Estado.[64]

---

[63] Susan Gal e Gail Kligman, *The Politics of Gender after Socialism* (Princeton: Princeton University Press, 2000).

[64] Valentina Romei, "Eastern Europe Has the Largest Population Loss in Modern History", *Financial Times*, 27/5/2016, www.ft.com/content/70813826-0c64-33d3-8a0c-72059ae1b5e3; Ruth Alexander, "Why Is Bulgaria's Population Falling Off a Cliff?", BBC *News*, 7/9/2017, www.bbc.co.uk/news/world-europe-41109572.

A ironia é que, enquanto as mulheres do lado oriental eram forçadas a voltar para a casa, muitas se mudavam para o lado ocidental em busca de empregos mais bem-remunerados, levando consigo expectativas que ajudaram as alemãs ocidentais a se inserir no mercado de trabalho. As jovens que saíram do leste e invadiram o oeste da Alemanha depois de 1989 tinham, em sua maioria, mães trabalhadoras e achavam perfeitamente normal deixar os filhos na creche. Quando morei em Freiburg, conheci a diretora de uma importante editora acadêmica de Stuttgart. "Devemos muito às mulheres da Alemanha Oriental", afirmou, explicando que, se não fosse por elas, ela própria não teria tido uma carreira. Antes de 1989, as mulheres da Alemanha Ocidental ficavam em casa cuidando dos filhos. "Quando as mulheres da Alemanha Oriental chegaram, exigiram os serviços a que estavam acostumadas, como creches e pré-escolas", contou.

*

Nem todo mundo é fã de políticas vagas de licença-maternidade remunerada obrigatória, principalmente das que, na prática, não são implementadas. Algumas feministas acreditam que esse tipo de medida prejudica a competitividade das mulheres no mercado de trabalho, pois, assim como o chefe do meu amigo Jake, muitos empregadores acabam dando preferência à contratação de homens que não engravidam. É por isso que, na expectativa de equiparar as responsabilidades de cuidado de homens e mulheres, algumas nações instituíram modelos de licença-paternidade facultativos condicionais. Até 2017, a Suécia exigia que mães e pais se afastassem do trabalho por sessenta dias para usufruir os benefícios generosos do Estado. Os defensores do livre-mercado argumentam que as empresas devem ter liberdade para definir suas próprias prioridades, sem a interferência do governo federal, mas o índice de sucesso da autorregulamentação é mínimo. Em 2013, estimava-se que apenas 12% dos trabalhadores estadunidenses estavam contemplados em políticas de licença parental remunerada. Isso é condizente com a realidade do livre-mercado. Ninguém quer ter a fama de oferecer políticas generosas de licença-maternidade para não atrair mais funcionárias mulheres. Mas, se houvesse uma lei exigindo que todas as empresas oferecessem o mesmo tipo de licença e estabilidade, e se o governo assumisse parte do custo, como proposto no plano de seguro-maternidade de Braun, muitos empregadores apoiariam a ideia. Poderiam contratar as candidatas mais promissoras e capacitá-las com a certeza de retorno do investimento. Assim, a única maneira de garantir que todas as mulheres sejam beneficiadas por essas políticas (não apenas profissionais de alto escalão de empresas esclarecidas) é com o comprometimento total do governo federal, estadual e municipal.[65]

Esses mesmos empregadores poderiam contar com a permanência das funcionárias após o parto se houvesse uma rede de apoio à primeira infância de alta qualidade e acessível a todos os pais e mães de crianças pequenas. Afinal, a excelente funcionária de Jake não abandonou o emprego logo depois de ter o bebê. Ela teve que sair, contra sua vontade, quando a inflexibilidade do trabalho e as infindáveis obrigações com o bebê deixaram sua vida insuportável. Só uma rede de apoio à infância de alta qualidade, financiada pelo governo federal, pode ajudar, de fato, as mulheres trabalhadoras a conciliar maternidade e vida profis-

---

[65] CESifo: DICE, *Parental Leave Entitlements*; Nadja Popovich, "The US Is Still the Only Developed Country That Doesn't Guarantee Paid Maternity Leave", *The Guardian* (Londres), 3/12/2014, www.theguardian.com/us-news/2014/dec/03/-sp-america-only-developed-country-paid-maternity-leave.

sional. Os Estados Unidos estiveram perto de implementar um plano nacional de cuidado infantil, com a Lei de Desenvolvimento Integral da Criança [Comprehensive Child Development Act], aprovada por democratas e republicanos em 1971. O plano previa o financiamento de uma rede de creches e pré-escolas que oferecesse educação, atendimento de saúde e nutrição de qualidade, um primeiro passo essencial para garantir o apoio universal à criança. Mas o presidente Richard Nixon vetou o projeto, alegando "implicações negativas à ordem familiar". No texto do veto presidencial, afirmou: "O amplo suporte financeiro do Governo Federal ao desenvolvimento infantil coloca a vasta autoridade moral do Governo Nacional ao lado de abordagens comunitárias de educação, renegando a abordagem centrada na família". Essa abordagem "centrada na família" é aquela que exige o trabalho doméstico não remunerado das mulheres e reforça os papéis tradicionais de gênero do homem provedor e da mulher dona de casa. No fundo, Nixon pensou: por que o governo deve pagar por algo que as mulheres já fazem de graça?[66]

Embora pesquisas mostrem que não há prejuízo às crianças que frequentam creches e berçários de qualidade, podendo até apresentar melhor desenvolvimento cognitivo, linguístico e socioemocional, os estadunidenses conservadores odeiam a ideia de uma rede de cuidado infantil porque fragiliza a autoridade masculina dentro de casa. Um articulista da *Fox News* enxerga a proposta de uma rede universal de cuidado infantil como parte de uma conspiração maligna. Ele argumenta que "os governos totalitários fizeram de tudo para doutrinar as crianças, e a oposição dos pais às palavras do governo foi o maior obstáculo". Na visão dele, todas as políticas para as mulheres dos governos

---

[66] Nancy L. Cohen, "Why America Never Had Universal Child Care", *New Republic*, 24/4/ 2013, newrepublic.com/article/113009/child-care-

socialistas estatais – aumento da participação na força de trabalho, liberalização do divórcio, criação de creches e pré-escolas e apoio à independência financeira – tinham como objetivo fazer uma lavagem cerebral nas crianças. Até as escolas públicas serviriam para a doutrinação.[67]

Os direitos das mulheres e as políticas afins são vistos como se fossem parte de um plano maior para promover o comunismo no mundo, uma ameaça que viria se espalhando pelo Ocidente. Para os adeptos dessa perspectiva, a Suécia socialista democrática "impôs um sistema oneroso de cuidado e educação infantil" para "obrigar as mulheres a trabalhar fora de casa". Como se as suecas não trabalhassem por vontade própria. Por trás do medo da doutrinação, existe um medo real da independência econômica das mulheres e do colapso da família tradicional.[68]

Por ora, são as mulheres que podem gestar e parir (pelo menos até os cientistas inventarem o útero artificial), mas os

---

america-was-very-close-universal-day-care; Richard Nixon, "387 – Veto of the Economic Opportunity Amendments of 1971", 9/12/1971, www.presidency.ucsb.edu/ws/?pid=3251.

[67] "The Relation of Child Care to Cognitive and Language Development: National Institute of Child Health and Human Development Early Child Care Research Network", *Child Development* 71, no. 4 (2000): 960-980; Ellen Peisner-Feinberg e Margaret Burchinol, "Relations Between Preschool Children's Child-Care Experiences and Concurrent Development: The Cost, Quality, and Outcomes Study", *Merrill-Palmer Quarterly* 43, no. 3 (1997): 451-477; John R. Lott Jr., comunicação pessoal por e-mail com a autora, 14 e 15/8/2017; John R. Lott, "Public Schooling, Indoctrination, and Totalitarianism", *Journal of Political Economy* 107, no. 6 (1999): S127-S157.

[68] John R. Lott, "The New York Times Wants Us to Believe Communists Have Better Sex", *Fox News*, 14/8/2017, www.foxnews.

pais podem se envolver no trabalho de cuidado tanto quanto as mães. O número de pais que ficam em casa cuidando dos filhos vem crescendo e, um dia, pode ser que os funcionários homens também sejam vistos pelos empregadores como cuidadores em potencial. Mas, até isso acontecer, a competição no mercado de trabalho continuará penalizando as mulheres por conta da biologia. O alto custo de se pagar uma creche ou pré-escola, combinado à desigualdade salarial entre gêneros e à crença de que crianças pequenas precisam mais da mãe do que do pai, leva as mulheres, prioritariamente, a interromper a carreira. Nos Estados Unidos, esses anos de afastamento do mercado de trabalho trazem vários prejuízos: perda de renda, menos oportunidades de promoção, menor contribuição para o sistema de previdência social e aposentadoria e aumento da dependência em relação ao homem. Claro que algumas mulheres preferem ficar em casa, e elas têm esse direito, desde que isso não implique dependência financeira. O objetivo deve ser equiparar o número de homens e mulheres que optam por ficar em casa. E embora essa deva ser uma opção, não acredito que será a da maioria. Com licenças parentais decentes e serviços de cuidado à criança de qualidade a preços acessíveis, podemos fazer as duas coisas ao mesmo tempo.

Um problema óbvio em países socialistas de Estado era que, embora os cidadãos tivessem emprego garantido, era comum trabalharem com o que não gostavam. Muitas atividades acabavam sendo monótonas e pouco edificantes (não muito diferente da maioria dos trabalhos do Ocidente). Porém, são muitas as mulheres estadunidenses que gostariam de trabalhar fora e são obrigadas a ficar em casa por falta de flexibilidade do trabalho

---

com/opinion/2017/08/14/new-york-times-wants-us-to-believe-communists-have-better-sex.html.

formal e opções de creche de qualidade a preços acessíveis. Outras precisam trabalhar para sobreviver, principalmente porque podem perder os benefícios do seguro de saúde privado se não estiverem atreladas a algum local de trabalho. Nem toda mulher tem um homem que a sustente, e mesmo as que têm precisam manter sempre um pé atrás com isso. A mulher não deveria ter de se envolver em um relacionamento para garantir um teto. Por outro lado, o sistema coloca um peso absurdo em cima dos homens, e os que não têm condições de sustentar uma companheira são rejeitados (algo que já acontece nos Estados Unidos, onde o número de casamento entre os mais pobres nunca foi tão baixo).

No final das contas, as diferenças no sistema reprodutivo tornam impossível o tratamento igualitário no mercado de trabalho, já que os empregadores priorizam a contratação daqueles que consideram mais rentáveis. Não há solução simples para o problema, mas políticas como licença parental e acesso universal à creche financiado pelo Estado ajudam a amenizar as causas que estão na raiz da discriminação de gênero. Essas ideias nasceram com o socialismo e tinham como objetivo explícito a igualdade de gênero, no trabalho e em casa. Ao longo do século passado, essas políticas foram incorporadas por quase todos os países do mundo. Em 2016, Estados Unidos, Nova Guiné, Suriname e algumas ilhas do Pacífico Sul eram os únicos sem uma lei federal de licença parental remunerada.

Quando penso na funcionária que deixou a empresa de Jake para cuidar do bebê e na minha ex-colega Leslie, que ganhava setenta centavos por mês, lamento que a maternidade – que deveria ser uma fonte de alegria – seja um fardo para tantas mulheres. Em nenhum lugar do mundo desenvolvido é tão difícil começar uma família quanto nos EUA. Tenho certeza de que os países mais ricos do planeta podem melhorar nesse sentido.

3

não basta usar terno: liderança

Flora Tristán (1803-1844): militante e teórica socialista utópica francesa. Defendia que a libertação das classes trabalhadoras só poderia ser alcançada com a emancipação das mulheres. O ensaio *União Operária*, de 1843, é um texto feminista socialista fundamental, no qual Tristán defendia a criação de associações em que, por meio de contribuições, trabalhadores e trabalhadoras pudessem usufruir de serviços sociais. *Cortesia da* TASS.

No ensino médio, eu era uma aluna *nerd* e fazia parte dos chamados Modelos das Nações Unidas (MUN), um tipo de fórum de debates no qual os alunos pesquisam sobre as políticas externas dos países-membros da Organização das Nações Unidas e participam de simulações de cenários políticos baseados em situações reais da conjuntura. Para se destacar dentro do MUN, era necessário saber tudo sobre relações internacionais, bem como entender os contextos sociais, políticos e econômicos que guiavam as tomadas de decisão dos diferentes países. O aluno ou a aluna que melhor representasse seu país ganhava o grande prêmio, o malhete. Geralmente, eram os integrantes do Conselho de Segurança, versão mirim do órgão mais poderoso da ONU, que ganhavam os malhetes de maior prestígio. Para servir o Conselho de Segurança e decidir o destino do mundo ao lado dos alunos mais brilhantes, era preciso passar, primeiro, por comissões secundárias, como a Assembleia Geral ou o Conselho Econômico e Social (Ecosoc).

Se você representasse um dos cinco membros permanentes do Conselho de Segurança – Estados Unidos, França, Reino Unido, URSS e China, os únicos com poder de veto –, suas chances de ganhar um malhete aumentavam. Com poder de veto, você nunca era voto vencido, e os demais delegados precisavam obter seu apoio ou, pelo menos, sua abstenção. Portanto, nas grandes competições, a escola a que fossem designado um dos Cinco Grandes já saía na frente. Mas eu sabia que os garotos jamais deixariam uma menina representar os EUA, o Reino Unido ou a França, porque, no mundo real, a probabilidade de *uma mulher* representar os países ocidentais no Conselho de Segurança da ONU era muito pequena. Mesmo na época de Margaret Thatcher e Jeane Kirkpatrick, os homens dominavam as relações exteriores (vale lembrar que isso aconteceu mais de uma década antes de Madeleine Albright se tornar a primeira secretária de Estado estadunidense).

No caso de China e URSS, isso já não era tão absurdo. Zoya Mironova havia sido vice-representante soviética no Conselho de Segurança entre 1959 e 1962 e embaixadora da ONU, em Genebra, entre 1966 e 1983. Eu não queria representar a China porque eles sempre se abstinham em tudo. Resolvi me tornar, então, especialista no Bloco Oriental, na esperança de que, um dia, se representássemos a URSS, o assento no Conselho de Segurança seria meu. Aos quinze anos, entendi que, embora fosse pouco provável que uma mulher pudesse tomar as principais decisões referentes à política externa de um país ocidental, a situação era diferente na União Soviética. Mas por quê? Se a democracia era boa e o comunismo, ruim, por que os bandidos davam mais voz às mulheres?

Trinta anos depois, em novembro de 2016, eu me vi sentada no sofá ao lado da minha filha de quinze anos assistindo à PBS, as duas prontas para estourar o espumante e comemorar a eleição da primeira mulher à presidência dos EUA. Mesmo com críticas a Hillary Clinton (agora você me conhece o suficiente para suspeitar que eu preferia Bernie Sanders), eu estava emocionada de ver essa barreira invisível finalmente quebrada. Como, para mim, havia sido difícil encontrar modelos de mulher na política, eu tinha esperanças de que minha filha fosse passar o resto do ensino médio vendo uma mulher no Salão Oval.

A decepção daquela noite trouxe à tona duas amargas realidades dos Estados Unidos: a reação racista ao primeiro presidente negro e o preconceito persistente contra mulheres em posições de poder. Durante a Guerra Fria, com o surgimento de um movimento feminista grande no país e o medo político das consequências trazidas pela ascensão das mulheres nos países socialistas de Estado, os países ocidentais proibiram a discriminação e promoveram políticas de promoção da igualdade de gênero no trabalho. Ao longo de duas décadas, oportunidades em quase todos os setores da economia foram garantidas às mulheres, que passaram a ingressar em diversas profissões consideradas, anteriormente, masculinas. Hoje, as mulheres são maioria entre a população com formação superior em muitos países capitalistas avançados. Mas apesar da experiência profissional e do nível educacional, elas ainda enfrentam barreiras para ocupar os cargos de maior poder no governo e nas empresas. Mais de quarenta anos de militância pouco fizeram para combater o domínio político e econômico masculino.

Muito se fala sobre a falta de mulheres em posições de liderança nos Estados Unidos. Embora estudos mostrem que promover a diversidade no alto escalão tende a aumentar a lucratividade, ainda são poucos que desafiam o *status quo*. Quando pesquisadores buscam explicações, acabam, muitas vezes, responsabilizando as mulheres por falta de ambição ou por não "fazerem acontecer". Também atribuem o fato à desafiadora tarefa de conciliar trabalho e responsabilidades familiares e, por conseguinte, às frequentes interrupções na carreira daquelas que realizam todo o trabalho de cuidado da casa. Outros alegam ainda que a competição em torno dos altos cargos é cruel e cheia de traições e, nas poucas vezes em que as mulheres estariam dispostas a entrar na briga, seriam as primeiras a serem apunhaladas pelas costas por homens ambiciosos, que acreditam que elas são menos propensas a retaliação. Embora tudo isso influencie, a causa fundamental é a persistência dos estereótipos de gênero, internalizados pelas meninas desde a mais tenra idade. Da mesma forma que eu aprendi que não era plausível uma menina representar meu país no Conselho de Segurança do MUN, minha filha aprendeu que uma mulher qualificada, com anos de experiência na política, pode perder uma eleição para uma celebridade do mundo empresarial sem qualquer experiência de gestão pública.

Duas pesquisas realizadas pelo Pew Research Center em 2014 revelaram que a maioria dos estadunidenses reconhece a existência dessa discriminação de gênero generalizada. Quando questionados sobre o que impediria as mulheres de ocupar "altos cargos executivos" e "altos cargos políticos", apenas 9% disseram que elas não têm "estômago" para o mundo dos negócios, enquanto 43% afirmaram que elas são submetidas a um padrão de exigência mais elevado e as empresas não estão preparadas para serem comandadas por mulheres, mesmo que elas tenham o mesmo nível de qualificação dos homens. Em relação a cargos políticos, 8% disseram que elas não têm "estômago", 38% acreditam que o padrão de exigência é mais elevado e 37% pensam que os estadunidenses não estão preparados para serem governados por uma mulher. Quanto a perspectivas para o futuro, a maioria das pessoas entrevistadas acredita que, nas próximas décadas, "os homens continuarão ocupando mais cargos de liderança no mercado que as mulheres".[69]

---

[69] Pew Research Center, *Women and Leadership: Public Says Women Are Equally Qualified, but Barriers Persist*, 14/1/2015, www.pewsocialtrends.

Não estou dizendo que a cultura estadunidense não mudou, mas apontando que isso vem acontecendo num ritmo bem mais lento que em alguns de seus pares. Em 1990, apenas 7% dos membros do Congresso dos EUA eram mulheres. Em 2019, em um marco histórico para o legislativo do país, esse número subiu para 24%. Se compararmos com algumas nações socialistas democráticas escandinavas, ainda estamos para trás. O número de mulheres no parlamento sueco subiu de 38%, em 1990, para 47% em 2018. Na Noruega, 36% dos deputados eram mulheres em 1990, e chegaram a 41% em 2017. Na Dinamarca, 31% (1990) e 37% (2017) e, na Finlândia, 32% (1990) e 42% (2015). A Islândia é campeã e quase alcança paridade de gênero. A porcentagem de mulheres no parlamento cresceu de 21% em 1990 para 48% em 2015, embora tenha voltado a cair para 38% em 2017. Por que isso acontece? Aqui vai a resposta: cotas.[70]

No quesito mulheres na liderança no mundo corporativo, os EUA ficam ainda mais atrás. Embora as mulheres representassem 45% dos funcionários das principais empresas da *Fortune* 500 em 2016, ocupavam apenas 21% dos cargos de diretoria e eram apenas 11% dos nomes mais bem-remunerados. Compare isso com a Noruega, onde a lei de cotas obriga que 42% dos assentos da diretoria das empresas sejam ocupados por mulheres. Na Suécia, esse número é de 36% e, na Finlândia, de 31%. Mas mesmo os países socialistas democráticos como a Suécia têm dificuldade de aumentar o número de mulheres em cargos de chefia. Em 2012, o percentual de mulheres no alto escalão executivo das empresas ainda estava abaixo de 15%. E, em 2014,

---

org/2015/01/14/women-and-leadership.

[70] Todas as imagens são do website da União Interparlamentar, www.ipu.org, em particular do banco de dados sobre mulheres na política: archive.ipu.org/wmn-e/classif.htm.

o jornal *The Wall Street Journal* relatou que, entre 145 grandes empresas nórdicas, apenas 3% tinham mulheres como diretoras executivas. Embora as mulheres tenham formação acadêmica e experiência profissional, esses cargos continuam sendo ocupados por homens. A única forma de acabar com essa dominação masculina é com a implantação de leis que obriguem ou criem forte incentivo para a promoção da paridade de gênero no alto escalão corporativo.[71]

E os países socialistas de Estado? Embora tenha havido esforços importantes no sentido de inserir as mulheres nos altos escalões – e eles certamente defenderam a ideia de que elas poderiam e deveriam ocupar posições de poder –, a própria natureza dos regimes da Europa Oriental do século xx acabou dificultando o processo. Primeiro, embora houvesse um sistema oficial de cotas para mulheres nos parlamentos e Comitês Centrais dos Partidos Comunistas na maioria dos Estados, o Comitê Executivo de elite (*Politburo*), que detinha o verdadeiro poder, continuou predominantemente masculino. Em segundo

---

[71] Dados sobre os EUA foram extraídos do Catalyst, "Women in S&P 500 Companies", www.catalyst.org/knowledge/women-sp-500-companies, e os dados sobre mulheres na Escandinávia, de um estudo produzido pelo Fórum da Escola de Direito de Harvard sobre Governança Corporativa e Regulação Financeira, "Gender Parity on Boards Around the World", 5/1/2017, corpgov.law.harvard.edu/2017/01/05/gender-parity-on-boards-around-the-world; Nathan Hegedus, "In Sweden, Women Make Up 45% of Parliament But Only 13% of Corporate Leadership", *Quartz.com*, 17/12/2012, qz.com/37036/in-sweden-women-make-up-45-of-parliament-but-only-13-of -corporate-leadership; Cristina Zander, "Even Scandinavia Has a CEO Gender Gap", *Wall Street Journal*, 21/5/2014, www.wsj.com/articles/how-sandvik-scania-are-addressing-the-ceo-gender-gap-1400712884.

lugar, mesmo quando a participação política local e municipal era maior, acabava limitada pela natureza centralizadora do regime unipartidário. Em termos de gestão da economia estatal, a situação também era dúbia. O poder de decisão estava nas mãos dos planejadores centrais, em grande parte (embora não exclusivamente) homens. Mas cada país tinha suas prioridades, e certos setores eram mais receptivos à liderança feminina. As mulheres dominavam a medicina, o direito, a educação e o sistema bancário, e, mesmo que de forma simbólica, os países socialistas de Estado mantiveram um excelente histórico de promoção das mulheres em cargos de liderança, se comparados aos países ocidentais.[72]

*

Ao contrário do capitalismo, em que a riqueza é distribuída a partir de um modelo econômico competitivo baseado em ideais de meritocracia e sobrevivência do mais apto, o socialismo defende a igualdade. A desigualdade social é considerada um subproduto da propriedade privada dos meios de produção: fábricas, máquinas, tecnologias, propriedade intelectual e assim por diante. As economias capitalistas criam uma crescente disparidade financeira entre os que detêm os meios de produção e os que precisam vender a força de trabalho por um valor menor do que o produzido, a fim de atender às suas necessidades básicas. A exploração contínua dos que trabalham para sobreviver aumenta a riqueza dos que estão no topo, e os ricos acumulam cada vez mais riqueza, o que lhes permite controlar

---

[72] Ghodsee, "Pressuring the Politburo: The Committee of the Bulgarian Women's Movement and State Socialist Feminism", *Slavic Review* 73, no. 3 (2014): 538-562.

cada vez mais os meios de produção. As políticas socialistas interrompem essa tendência de crescimento da desigualdade por meio de vários mecanismos, incluindo a criação de empresas públicas ou coletivas (cooperativas) e/ou redistribuição de riqueza por meio de um sistema de tributação progressiva e a criação de redes públicas de seguridade social. No entanto, à exceção de priorizar os interesses da maioria mais pobre em vez daqueles da minoria rica, não faz parte da ideologia socialista privilegiar nenhum grupo social específico. E a emancipação das mulheres foi fundamental para a visão socialista desde o início (mesmo que a identidade de classe tenha vindo sempre à frente da de gênero).

A ideia de que homens e mulheres devem dividir o poder político está nas origens do pensamento socialista, que surgiu após a Revolução Francesa. Nas décadas de 1820 e 1830, os socialistas utópicos discípulos de Saint-Simon se uniram em pequenas comunidades religiosas em Paris, partilharam a renda entre todos e passaram a viver coletivamente. Um dos fundadores, Prosper Enfantin, atuava como uma espécie de "papa" da comunidade e propôs a divisão do posto de autoridade com uma mulher, que seria a "papisa". Ao contrário de Mary Wollstonecraft e John Stuart Mill, cujos argumentos em defesa da igualdade sexual estavam pautados na racionalidade inata de homens e mulheres, os sansimonianos acreditavam que eram naturezas diferentes, mas complementares, e que a autoridade política e espiritual precisava ser representada pelas duas metades da humanidade. Após debates internos, a visão de Enfantin prevaleceu, e a comunidade passou a ser governada por um casal papal, que representava os atributos masculinos e femininos de Deus. Todos os cargos de liderança deviam ser ocupados por uma pessoa de cada sexo: cada subdivisão da comunidade era comandada por um homem e uma mulher, os lares coletivos eram administrados por um "irmão" e uma "irmã", e o trabalho que faziam era gerenciado por um "diretor" e uma "diretora".[73]

Outro socialista utópico de destaque foi o francês Charles Fourier, que, acredita-se, tenha cunhado o termo "feminismo" em 1837. Fourier era um grande defensor dos direitos das mulheres e acreditava que todas as profissões deveriam estar abertas às mulheres, tomando como base suas habilidades enquanto indivíduos. Fourier entendia que as mulheres europeias eram tratadas como propriedade de seus pais e maridos, e que uma forma de demonstrar o progresso moral das sociedades esclarecidas era romper com os restritivos papéis de gênero estabelecidos pelo casamento tradicional. Fourier defendia a criação de comunidades agrícolas de propriedade coletiva ("falanges") onde homens e mulheres trabalhariam lado a lado e compartilhariam os frutos desse trabalho comum. Fourier escreveu: "O progresso social e as mudanças históricas acontecem com o progresso das mulheres em direção à liberdade, e a decadência da ordem social é resultado da diminuição dessa liberdade".[74]

---

[73] Clare Goldberg Moses, "Equality and Difference in Historical Perspective: A Comparative Examination of the Feminisms of the French Revolutionaries and the Utopian Socialists", em *Rebel Daughters: Women and the French Revolution*, editado por Sara Melzer e Leslie Rabine (Nova York: Oxford University Press, 1992), 231-253.

[74] L. Goldstein, "Early Feminist Themes in French Utopian Socialism: The St. Simonians and Fourier", *Journal of the History of Ideas* 43, no. 1 (1982); "Degradation of Women in Civilization", *Théorie des Quatre Mouvements et des Destinées Générales* (Teoria dos Quatro Movimentos e dos Destinos Gerais), 3.ª ed. (publicado originalmente em 1808, esta ed. 1841-1848, reimpressa em *Women, the Family, and Freedom: The Debate in Documents, Volume One*, 1750-1880, editado por Susan Groag

Charles Fourier e os seguidores de Saint-Simon influenciaram a obra de outra importante e fascinante socialista utópica, a francesa Flora Tristán. Ela foi a primeira teórica a associar a emancipação das mulheres à libertação da classe trabalhadora, e entendia que a relação da esposa com o marido era análoga à do proletariado com a burguesia. Em seus escritos e discursos, produzidos entre o final da década de 1820 e início da década de 1840, Tristán mostrou que o movimento feminista e o socialista dependiam um do outro e transformariam completamente a sociedade francesa, defendendo que a emancipação das mulheres não poderia acontecer sem a libertação dos trabalhadores e vice-versa. Em vez de um modelo no qual a igualdade sexual fosse acontecer como consequência de conquistas legais e do aumento de oportunidades educacionais oferecidas para mulheres ricas, Tristán acreditava na criação de uma ampla e diversificada união de trabalhadores e trabalhadoras como forma de se conquistar, primeiramente, a igualdade sexual entre as classes operárias.[75]

Indo mais além, os socialistas alemães August Bebel e Friedrich Engels propuseram uma justificativa histórica para a emancipação das mulheres, argumentando que as comunidades primitivas de caçadores-coletores eram matriarcais. De acordo com essas teorias, os primeiros humanos viviam em clãs em que homens e mulheres praticavam uma forma de casamento grupal e criavam os filhos coletivamente. Como não era possível identificar o pai, a linha de descendência era traçada

---

Bell e Karen M. Offen (Stanford: Stanford University Press, 1983), 40-41.
[75] S. Joan Moon, "Feminism and Socialism: The Utopian Synthesis of Flora Tristan", em *Socialist Women: European Socialist Feminism in the Nineteenth and Early Twentieth Centuries*, editado por Marilyn J. Boxer e Jean H. Quataert (Nova York: Elsevier, 1978).

a partir da mãe, e, com isso, as mulheres tinham uma participação igual ou maior na tomada de decisões. Bebel e Engels diziam que foi somente após a invenção da agricultura e o advento da propriedade privada que passou a haver acúmulo de riqueza. Caçadores-coletores não acumulavam recursos, mas consumiam tudo o que caçavam e colhiam. Mas quando alguns seres humanos passaram a cercar grandes áreas de terra para produzir mais alimento do que precisavam para sobreviver e começaram a vender o excedente, uma nova ordem destruiu as antigas estruturas sociais. Os proprietários de terras passaram a precisar de trabalhadores para ajudá-los a criar cada vez mais excedente, e foi nesse momento da história que o corpo das mulheres se tornou máquina de produção de trabalhadores. (Os autores argumentam que essa era também coincide com a invenção da escravidão).[76]

Segundo Bebel e Engels, uma vez que os donos de terras começaram a acumular fortunas, surgiu o desejo dessa classe de homens de transmitir a riqueza aos herdeiros legítimos. Isso precipitou o surgimento do casamento monogâmico e a imposição da fidelidade por parte da esposa. O antigo sistema matrilinear foi substituído por um novo sistema patrilinear, no qual os descendentes são determinados a partir do pai. (Podemos ver o funcionamento desse sistema ainda hoje, quando as mulheres adotam o sobrenome do marido e os filhos recebem o sobrenome do pai. Em um sistema matrilinear, seria o contrário.) Engels postulou que o desejo de acumular riqueza roubou a antiga autonomia das mulheres: "O desmoronamento do direito materno, *a grande derrota histórica do sexo feminino em*

---

[76] Friedrich Engels, *A origem da família, da propriedade privada e do Estado* (Traduzido por Leandro Konder. 9.ª ed. Rio de Janeiro: Civilização Brasileira, 1984).

todo o mundo. O homem apoderou-se também da direção da casa; a mulher viu-se degradada, convertida em servidora, em escrava da luxúria do homem, em simples instrumento de reprodução". Para os primeiros socialistas, portanto, a abolição da propriedade privada levaria, inevitavelmente, à restauração do papel "natural" das mulheres como sujeitos iguais aos homens.[77]

*

As ideias socialistas de emancipação da mulher ajudaram a fomentar os impulsos revolucionários na Rússia em 1917. A Revolução de Fevereiro, que derrubou o czar Nicolau II, começou com as greves de trabalhadoras no Dia Internacional da Mulher. Durante o governo provisório, que tentou estabilizar a Rússia nos meses seguintes, as mulheres reivindicaram o sufrágio universal. Em julho de 1917, conquistaram o direito de votar e se candidatar a cargos públicos. Após a Revolução de Outubro, Lenin e os bolcheviques concederam às mulheres o direito de votar e concorrer nas eleições para a Assembleia Constituinte. A maioria das pessoas não entende que a União Soviética não se tornou um Estado autoritário e unipartidário da noite para o dia. Segundo a historiadora Rochelle Ruthchild, como Lenin esperava ganhar um mandato popular, permitiu "as eleições mais livres realizadas na Rússia até o colapso da União Soviética, em 1991". A votação teve início em novembro de 1917 e durou cerca de um mês. A participação popular foi impressionante, considerando o caos da época, e o engajamento das mulheres excedeu as expectativas. No entanto, Lenin acabou dissolvendo a Assembleia Constituinte eleita democraticamente quando percebeu que o Partido Bolchevique não

---

[77] Engels, *A Origem da Família.*

obteria maioria. Por fim, o direito de voto das mulheres soviéticas se tornou, em grande parte, supérfluo durante a ditadura do proletariado.[78]

Apesar da instituição do "comunismo de guerra" e da centralização política, inicialmente Lenin chegou a conceder espaço a um grupo de militantes com o objetivo de estabelecer as bases para a emancipação total da mulher. Alexandra Kollontai atuou como comissária do povo para o bem-estar social e ajudou a fundar a organização das mulheres soviéticas, a Jenotdel. Como já dito, ela ficou encarregada de implementar uma grande variedade de políticas de apoio à plena inserção das mulheres na força de trabalho soviética. A jornalista estadunidense Louise Bryant ficou impressionada com o comprometimento e a forma destemida com que Kollontai lidava com os homens bolcheviques. Em 1923, Bryant relatou:

> Mesmo do ponto de vista de uma comunista ortodoxa, a senhora Kollontai tem pouco juízo político. Sua coragem é ilimitada e, em várias ocasiões, ela se opôs abertamente a Lenin. Quanto a este, não hesitou em reprimi-la com sua franqueza habitual. No entanto, apesar de seu entusiasmo feroz, ela compreende a "disciplina do partido" e aceita a derrota como um bom soldado. Se tivesse abandonado a revolução quatro meses depois do início,

---

[78] Ver também Rochelle Ruthchild, *Equality and Revolution: Women's Rights in the Russian Empire* 1905-1917 (Pittsburgh: University of Pittsburgh Press, 2010), 235; e Rochelle Ruthchild, "'Going to the Ballot Box Is a Moral Duty for Every Woman': The Great War and Women's Rights in Russia", em *Russia's Home Front in War & Revolution, 1914-22, Book 2: The Experience of War and Revolution*, editado por Adele Lindenmeyr, Christopher Read e Peter Waldron (Bloomington: Slavica, 2018), 1-38.

seus louros seriam eternos. Ela aproveitou a euforia inicial, logo após a ascensão das massas, para incorporar, na Constituição, leis ambiciosas e inéditas em favor das mulheres. E os soviéticos têm muito orgulho dessas leis, que já representam a glória de tudo que está relacionado à Constituição.[79]

Kollontai acabou virando embaixadora da URSS na Noruega, tornando-se a primeira mulher russa a ocupar um posto diplomático tão alto (e a terceira embaixadora do mundo). Mas depois da ascensão de Stalin, foi praticamente relegada, e muitos dos seus sonhos originais de emancipação da mulher foram desqualificados ou esquecidos.

Junto a outras mulheres de destaque da Jenotdel que atuaram na década de 1920 estava Nadezhda Krupskaya, esposa de Lenin e pedagoga radical que atuou como vice-ministra da Educação de 1929 a 1939. Krupskaya trabalhou para a construção de novas escolas e bibliotecas, quando, em 1917, seis em cada dez pessoas não sabiam ler nem escrever. Mais tarde, seus ideais serviram de inspiração para educadores de esquerda como o brasileiro Paulo Freire. Outra bolchevique eminente, Inês Armand, foi dirigente do Conselho Econômico de Moscou, alto membro do Soviete de Moscou e, mais tarde, diretora da Jenotdel. Inúmeras outras mulheres bolcheviques conquistaram posições de poder no início do governo soviético, quando o país sofria com a guerra civil, a terrível fome e a morte prematura de Lenin.[80]

---

[79] Louise Bryant, "Mirrors on Moscow," 1923, www.marxists.org/archive/bryant/works/1923-mom/kollontai.htm.

[80] R. C. Elwood, *Inessa Armand: Revolutionary and Feminist* (Nova York: Cambridge University Press, 2002); *Robert McNeal, Bride of the Revolution: Krupskaya and Lenin* (Ann Arbor: University of Michigan

Mesmo com o incentivo ao engajamento das mulheres no treinamento militar, a era Stalin trouxe uma relativa volta dos tradicionais papéis de gênero. A historiadora Anna Krylova investigou o lento processo de integração das mulheres no exército soviético e a resistência inicial masculina. Na Segunda Guerra Mundial, a URSS já tinha esquadrões de caças pilotados por mulheres. Entre elas, as famosas *Nachthexen* (bruxas da noite) do 588.º Regimento de Bombardeiros Noturnos das Forças Aéreas Soviéticas, que voavam sorrateiramente na escuridão e lançavam bombas de precisão em alvos alemães. De 1941 a 1945, mais de vinte mil missões foram atribuídas a essas mulheres, todas jovens entre o fim da adolescência e seus vinte e poucos anos. Embora outros países tenham treinado mulheres para atuar no suporte aéreo, a União Soviética foi o primeiro país no mundo a permitir que mulheres participassem de missões de combate. Essas mulheres eram temidas pelos nazistas. Supostamente, todo piloto alemão que matasse uma "bruxa" garantia uma Cruz de Ferro.[81]

Em toda a Europa Oriental, a Segunda Guerra Mundial inspirou milhares de mulheres antinazistas a pegar em armas, e

---

Press, 1972); Cathy Porter, *Alexandra Kollontai: A Biography* (Chicago: Haymarket Books, 2014). Sobre as campanhas russas de alfabetização, ver Ben Eklof, "Russian Literacy Campaigns 1861-1939", em *National Literacy Campaigns and Movements: Historical and Comparative Perspectives*, editado por Robert F. Arnove e Harvey J. Graff (New Brunswick: Transaction Publishers, 2008), 128-129; Helen McCarthy e James Southern, "Women, Gender, and Diplomacy: A Historical Survey", in *Gender and Diplomacy*, editado por Jennifer Cassidy (Nova York: Routledge, 2017), 15-31, 24.

[81] Anna Krylova, *Soviet Women in Combat: A History of Violence on the Eastern Front* (Nova York: Cambridge University Press, 2011).

muitas delas seguiram carreiras na política nacional e internacional. Vida Tomšič, por exemplo, foi uma comunista eslovena que lutou como guerrilheira contra os italianos e, após a guerra, tornou-se ministra de Políticas Sociais em seu país. Ocupou diversos cargos públicos e foi militante feminista tanto dentro da Iugoslávia quanto internacionalmente durante a Guerra Fria. Jurista, Tomšič foi reverenciada como heroína nacional entre 1945 e 1991 e representou a Iugoslávia em diversos postos das Nações Unidas.[82]

A vizinha Bulgária também produziu mulheres antifascistas motivadas que, mais tarde, ingressaram na política. Elena Lagadinova foi a combatente mais jovem a lutar contra a monarquia de seu país, aliada ao nazismo. Posteriormente, concluiu o doutorado em agrobiologia e atuou 13 anos como pesquisadora, até ocupar o cargo de presidente do Comitê do Movimento das Mulheres da Bulgária durante 22 anos. Lagadinova também foi membro do Parlamento e do Comitê Central, além de ávida defensora dos direitos das mulheres no campo internacional, particularmente durante a Década da Mulher nas Nações Unidas, entre 1975 e 1985. A guerrilheira búlgara Tsola Dragoycheva também lutou contra a monarquia de direita a partir de 1920. Heroína do Partido Comunista Búlgaro, foi a primeira mulher a ocupar um cargo ministerial, no gabinete das Telecomunicações, após a Segunda Guerra Mundial. De 1944 a 1948,

---

[82] Mateja Jeraj, "Vida Tomšič", em *A Biographical Dictionary of Women's Movements and Feminisms: Central, Eastern and South-Eastern Europe, 19th and 20th Centuries*, editado por Francisca de Haan, Krasimira Daskalova e Anna Loutfi (Budapeste: Central European University Press, 2006), 575-579; Chiara Bonfiglioli, "Revolutionary Networks: Women's Political and Social Activism in Cold War Italy and Yugoslavia (1945-1957)", tese de doutorado (PHD), Universidade de Utrecht, 2012.

também foi Secretária-geral do Comitê Nacional da Frente da Pátria, chefiou o Conselho de Ministros e exerceu grande influência no desenvolvimento da economia recém-planificada de seu país. Mais tarde, viria a se tornar membro pleno do *politburo* búlgaro, uma das poucas mulheres do Bloco Oriental a ocupar cargo tão alto sem ser esposa ou filha de um dirigente comunista.[83]

Na década de 1930, outras mulheres socialistas da Europa Oriental foram presas por conta de atividades políticas ou ficaram exiladas na União Soviética até o fim da Segunda Guerra Mundial, quando puderam voltar para casa. A ascensão de Ana Pauker, na Romênia, mostrou ao mundo que o socialismo de Estado permitia às mulheres assumir cargos do alto escalão do governo, chocando observadores ocidentais. Em 1948, o jornalista do *The New York Times* W. H. Lawrence escreveu: "Ana Pauker arquitetou e construiu o novo Estado comunista romeno. Como secretária do Partido Comunista Romeno e ministra das Relações Exteriores da nova república – sendo a primeira mulher a ocupar este cargo no mundo –, ela não só pensa, como também transforma projetos políticos, econômicos e sociais em realidade. Ana Pauker é uma personagem de Horatio

---

[83] Kristen Ghodsee, "The Left Side of History: The Legacy of Bulgaria's Elena Lagadinova". *Foreign Affairs*, 29/4/2015, www.foreignaffairs. com/articles/bulgaria/2015-04-29/left-side-history; Kristen Ghodsee, *The Left Side of History: World War II and the Unfulfilled Promise of Communism in Eastern Europe* (Durham: Duke University Press, 2015); Krassimira Daskalova, "A Woman Politician in the Cold War Balkans: From Biography to History", *Aspasia: The International Yearbook of Central, Eastern, and Southeastern European Women's and Gender History* 10 (2016); e John D. Bell, *The Bulgarian Communist Party from Blagoev to Zhivkov* (Stanford: Hoover Institution Press, 1985).

Alger do mundo comunista: saiu do nada e alcançou a glória política". Ela foi capa da edição de setembro de 1948 da revista *Time*, que estampou, junto à imagem de seu rosto, a legenda "a mulher mais poderosa da atualidade".

O Bloco Oriental também se destacava pela promoção internacional estratégica de seu compromisso com o direito das mulheres, como aconteceu com Valentina Tereshkova. Em junho de 1963, apenas cinco anos após o lançamento do Sputnik, [primeiro satélite artificial da Terra lançado pela URSS em 1957] a manchete do jornal *New York Herald Tribune* trazia: "Loira soviética é a primeira mulher a orbitar no espaço". No mesmo ano em que Betty Friedan publicou o livro *A Mística Feminina*, a manchete principal do jornal *Springfield Union*, de Massachusetts, anunciava: "Soviéticos colocam primeira cosmonauta em órbita". A URSS fez de Tereshkova um símbolo de sua política social progressista, oferecendo a ela o comando da delegação soviética em três Conferências Mundiais da ONU sobre a Mulher, em 1975, 1980 e 1985. Em 1982, a cosmonauta Svetlana Savitskaya foi a primeira mulher a viajar em uma estação espacial, um ano antes de Sally Ride se tornar a primeira astronauta estadunidense. Dois anos depois, Savitskaya se tornou a primeira mulher a realizar uma caminhada no espaço e a primeira a completar duas missões espaciais.[84]

Embora as mulheres soviéticas raramente se aventurassem no campo da chamada alta política, houve exceções importan-

---

[84] "A Girl Who Hated Cream Puffs", *Time*, 20/9/1948, 33; W. H. Lawrence, "Aunty Ana", *The New York Times*, 29/2/1948; Robert Levy, *Ana Pauker: The Rise and Fall of a Jewish Communist* (Berkeley: University of California Press, 2001); Valentina Tereshkova, *Valentina Tereshkova, The First Lady of Space: In Her Own Words*, Spacebusiness. com, 2015.

tes. Em 1917, Elena Stassova foi a primeira mulher a se tornar membro do *politburo* soviético, o mais importante órgão político do país, embora seu mandato tenha sido breve. Décadas depois, em 1957, Yekaterina Furtseva foi eleita membro pleno do *politburo*, cumprindo um mandato de quatro anos. Ela apoiou as políticas de desestalinização de Khrushchev e, mais tarde, deixou o comitê político para atuar como ministra da Cultura, de 1960 a 1974. Em setembro de 1988, Alexandra Biryukova tornou-se candidata a membro (sem direito a voto) do *politburo*. Finalmente, em 1990, Galina Semyonova foi a segunda mulher a alcançar a posição de membro pleno (com direito a voto) do comitê. Nomeada pelo próprio Gorbachev, como primeiro passo de seu plano de alçar mais mulheres a cargos de poder, Semyonova era doutora em filosofia e trabalhou como jornalista durante 31 anos. Aos 53 anos de idade, era mãe e avó. Sua vitória foi um sinal de que os soviéticos estavam prontos para levar as questões das mulheres do país mais a sério. Em uma entrevista ao *Los Angeles Times* em janeiro de 1991, Semyonova criticou abertamente as políticas anteriores dos governos soviéticos em relação à liderança feminina. "Desde a fundação de nosso Estado, criamos muitas leis humanitárias", afirmou ao jornal estadunidense. "Lenin assinou, pessoalmente, muitas decisões e leis relativas a família, casamento, direitos políticos das mulheres e erradicação do analfabetismo entre a população feminina. Mas essas leis, na verdade, eram muitas vezes contrapostas pela prática socioeconômica. Como resultado tivemos mulheres despreparadas para exercer papéis de liderança". Com respaldo das novas liberdades concedidas pela *perestroika*,

Semyonova acreditava que, com mais mulheres em cargos de poder, a política se tornaria "mais humana e menos agressiva".[85]

Embora esses exemplos mostrem o compromisso dos países socialistas de Estado com os direitos das mulheres, nem sempre a prática correspondia à retórica. Tenho mais de 150 horas de entrevistas com a octogenária Elena Lagadinova, presidente da organização nacional de mulheres da Bulgária, realizadas entre 2010 e 2017. Lagadinova admitiu que esperava mais dos Estados socialistas. Perguntei por que não houve mais mulheres em altos cargos de poder, considerando o compromisso geral com os direitos das mulheres. Ela reconheceu que esse era um desafio constante para o Comitê de Mulheres Búlgaras e que os países da Europa Oriental não tinham tempo para superar a ideia secular de que um líder deveria ser homem. Argumentou que, além de os homens não gostarem de ver mulheres no poder, as próprias mulheres se sentiam desconfortáveis com a liderança feminina. Sendo assim, não apoiavam as camaradas e eram mais reticentes em angariar cargos de autoridade. Preferiam ficar nos bastidores, segundo Lagadinova. O mundo da alta política na Europa Oriental, assim como em outros lugares, era traiçoeiro, repleto de intrigas e traições. Lagadinova disse ainda que as mulheres eram menos propensas a fazer qualquer coisa pelo poder. Por outro lado, acreditava que a vida política teria sido mais civilizada com mais mulheres no topo. Em algumas oportunidades, sua organização tentou promover candida-

---

[85] Michael Parks, "Profile: Galina Semyonova: No Mere Token in Soviet Politburo", *Los Angeles Times*, 15/1/1991, articles.latimes.com/1991-01-15/news/wr-327_1_soviet-union; Leonid Lipilin, "Woman of Action", *Soviet Life* (março 1991): 22-23; Bill Keller, "A Soviet Woman's Point of View", *The New York Times*, 24/1/1989, www.nytimes.com/1989/01/24/world/a-soviet-woman-s-point-of-view.html.

tas qualificadas, mas a cultura patriarcal dos Bálcãs, combinada à natureza autoritária do Estado (governado pelo mesmo homem durante trinta e cinco anos), era desencorajadora.

Para incentivar a entrada de mais mulheres na política, a Bulgária e outros países socialistas de Estado estabeleceram um sistema de cotas no parlamento e, durante a Guerra Fria, registraram percentuais mais altos de mulheres em cargos políticos que a maioria das democracias ocidentais. A presença feminina na máquina pública do Estado Unipartidário era, em grande parte, simbólica, mas o simbolismo não deixava de ser importante. Afinal, a autoridade dos homens membros do parlamento e do Comitê Central não era superior à de suas camaradas. Com a planificação da economia, as mulheres se destacaram em cargos administrativos, dominando alguns setores como o bancário, o médico, o acadêmico e o judiciário. Parte disso foi reflexo de políticas específicas de incentivo profissional, mas também porque os salários na indústria eram mais altos, tendendo a concentrar um número maior de trabalhadores homens. Mas, como discutido no 1.º capítulo, as taxas de participação feminina na força de trabalho eram as mais altas do mundo. Dessa maneira, mais mulheres ocupavam cargos gerenciais. Além disso, os países do Bloco Oriental fizeram muito bem em direcionar as mulheres para os setores de ciência, engenharia e tecnologia. Em 9 de março de 2018, o *Financial Times* revelou que oito dos dez principais países europeus com os maiores índices de mulheres no setor de tecnologia estavam na região leste do continente, um legado da era soviética e dos incentivos da época. De fato, entre 1979 e 1989, a porcentagem de mulheres na URSS que atuavam como "técnicas e engenheiras" aumentou de 48% para 50% da força de trabalho em todas as áreas – paridade total. Além disso, em 1989, 73% dos "cientistas, professores e educadores" soviéticos eram mulheres.[86]

*

O sistema de cotas obrigatórias para mulheres na política, na diretoria de corporações e em empresas públicas foi implementado em alguns países democráticos ao redor do mundo, e há estudos que mostram que, quando feito de forma adequada, aumenta significativamente o número de mulheres em cargos de liderança. Desde 1991, mais de 90 países implementaram algum tipo de sistema de cotas nos parlamentos nacionais, e a porcentagem de mulheres disparou, criando modelos para a nova geração de meninas que agora sonham em seguir carreira política. Em 2017, dos 46 países com 30% ou mais de mulheres parlamentares, 40 adotam algum tipo de sistema de cotas. Mas as cotas dão mais certo em sistemas eleitorais de representação proporcional, nos quais os cidadãos votam em partidos, não em indivíduos. Como a política de cotas exige que uma certa porcentagem de candidatos do partido deva ser de mulheres, e os estadunidenses elegem seus políticos individualmente, num sistema de voto distrital, a implementação fica mais complicada. Se os partidos forem obrigados a colocar um certo número

---

[86] *Women in the Politics of Postcommunist Eastern Europe*, editado por Marilyn Rueschemeyer (Armonk: M. E. Sharpe, 1998); Marilyn Rueschemeyer e Sharon Wolchik (ed.), *Women in Power in Post-Communist Parliaments* (Bloomington: Indiana University Press, 2009); *The World's Women 1970-1990: Trends and Statistics*, United Nations, 1991; Kerin Hope, "Bulgaria Builds on Legacy of Female Engineering Elite", *Financial Times*, 9/3/2018, www.ft.com/content/e2fdfe6e-0513-11e8-9e12-af73e8db3c71; Peter Lentini, "Statistical Data on Women in the USSR", Lorton Paper no. 10, 1994.

de mulheres na disputa, pode ser que concentrem as candidatas em distritos onde sabem que elas vão perder. Mas o governo poderia criar um sistema de cotas para a nomeação de cargos de gabinete, por exemplo, ou pensar em outras maneiras de aumentar a participação feminina sem ter que, necessariamente, alterar o sistema eleitoral.[87]

Já os sistemas de cotas obrigatórias de gênero em diretorias de corporações e empresas públicas têm contribuído bastante para o aumento do número de mulheres em cargos de liderança e são perfeitamente possíveis de implementar no contexto dos EUA. Esse tipo de política foi introduzida pela primeira vez em 2003, na Noruega. As empresas que não diversificassem a diretoria corriam o risco de serem dissolvidas e, no caso de grandes empresas, 40% dos assentos precisavam ser ocupados por mulheres. Outros países europeus seguiram o exemplo e implementaram o sistema de cotas em empresas, embora com penalidades mais brandas. O que fez, sem surpresa nenhuma, com que menos empresas levassem a política a sério. Embora a porcentagem de mulheres em conselhos de grandes empresas de capital aberto tenha aumentado de 11%, em 2007, para 23% em 2016, os números são significativamente maiores em países com um sistema mais rígido: 44% na Islândia, 39% na Noruega e 36% na França. Na Alemanha, onde a adoção das cotas é voluntária, exceto em grandes empresas, a porcentagem é de apenas 26%. Por conta disso, a Comissão Europeia tentou, em 2017, aprovar uma lei para todos os países da UE

---

[87] Susan Wellford, "A Quota Worth Making", *u.s. News and World Report*, 21/2/2017, www.usnews.com/opinion/civil-wars/articles/2017-02-21/the-us-should-consider-gender-quotas-to-increase-women-in-politics.

exigindo cota de 40% para mulheres em conselhos administrativos de empresas.[88]

Obviamente, ninguém quer ser visto como cidadão de segunda classe ou ocupar um cargo apenas por ser mulher. Por isso, é importante entender que a discriminação não existe porque os estadunidenses acham as mulheres menos capazes ou sem os atributos necessários para assumir responsabilidades maiores. Em uma pesquisa de 2014 sobre mulheres e liderança, realizada pelo Pew Research Center, a maioria dos entrevistados afirmou não ver diferença entre as habilidades inatas de homens e mulheres. Inclusive, em algumas categorias como honestidade, comprometimento e capacidade de orientar subordinados, as pessoas que consideram haver diferenças acreditam que as mulheres são *superiores* aos homens. A discriminação está menos ligada ao conjunto de habilidades de cada gênero e

---

[88] As cotas não apenas promovem diversidade de gênero, como aumentam o número de pessoas qualificadas a se candidatar a vagas. Além disso, algumas evidências sugerem que as empresas com mais diversidade em cargos de liderança são mais lucrativas. Marcus Noland, Tyler Moran e Barbara Kotschwar, "Is Gender Diversity Profitable? Evidence from a Global Survey", série de trabalhos realizados pelo Peterson Institute for International Economics, 2/2016; Margarethe Weirsema e Marie Louise Mors, "What Board Directors Really Think of Gender Quotas", *Harvard Business Review*, 14/11/2016; Oliver Staley, "You Know Those Quotas for Female Board Members in Europe? They're Working", *Quartz.com*, 3/5/2016, qz.com/674276/you-know-those-quotas-for-female-board-members-in-europe-theyre-working; e Daniel Boffey, "EU to Push for 40% Quota for Women on Company Boards", *The Guardian* (Londres), 20/11/2017, www.theguardian.com/world/2017/nov/20/eu-to-push-for-40-quota-for-women-on-company-boards.

mais à atitude social em relação a mulheres no poder. Portanto, não se trata de promover pessoas menos qualificadas só por serem mulheres, mas de combater estereótipos de gênero profundamente arraigados e inconscientes, nos quais os homens são considerados líderes e as mulheres, seguidoras. Algumas pessoas simplesmente não se sentem confortáveis com uma chefe mulher.[89]

Não associamos mulheres a cargos de autoridade porque não vemos muitas delas ocupando tais posições. Por isso, homens e mulheres continuam a vincular poder a corpos masculinos, um ciclo vicioso difícil de ser rompido. (Problema bastante frequente também nas áreas da ciência, engenharia e tecnologia.) Quando questionadas sobre os fatores que afetam a ambição e motivação para participar de eleições e reivindicar cargos de alto escalão, muitas vezes, as mulheres dizem não ter muitos modelos a seguir. Em 2015, a empresa de consultoria KPMG conduziu um estudo com 3.014 mulheres estadunidenses com idade entre 18 e 64 anos. Em termos de aprendizado sobre liderança, 67% afirmaram que as lições mais importantes que aprenderam vieram de outras mulheres. Entre as entrevistadas, 88% disseram se sentir encorajadas ao ver outras mulheres em posição de liderança, e 86% concordaram com a afirmação "quando vemos mulheres liderando, sentimos um estímulo maior para chegar lá também". Por fim, 69% acreditam que uma "maior representação feminina no topo é um incentivo para se ter mais mulheres em cargos de liderança no futuro". Pela importância da representatividade, a KPMG recomendou a promoção de mulheres qualificadas a altos cargos de gestão e

---

[89] Pew Research Center, *Women and Leadership: Public Says Women Are Equally Qualified, but Barriers Persist*, 14/1/2015, www.pewsocialtrends. org/2015/01/14/women-and-leadership.

diretoria de empresas. Em 2016, um estudo da Fundação Rockefeller constatou que 65% dos estadunidenses "acreditam ser importante, para as garotas em início de carreira, ver exemplos de outras mulheres ocupando cargos de liderança". No entanto, já sabemos, pelas experiências na Europa, que isso não vai acontecer sem algum tipo de intervenção externa.

Embora seja importante haver mais mulheres em posição de liderança, também é importante notar que as cotas na política e no mundo empresarial podem beneficiar apenas uma pequena porcentagem de mulheres brancas e de classe média. Se dermos prioridade a essa reivindicação e esquecermos de outras questões essenciais que afetam as mulheres pobres e trabalhadoras, em especial não brancas, vamos cair na perigosa armadilha do feminismo corporativo de Ivanka Trump. Sim, é preciso quebrar essas barreiras invisíveis, mas isso não significa que devemos ignorar os problemas de quem está na base da pirâmide. Tanto homens quanto mulheres que constroem carreira no mercado e na política costumam fazê-lo às custas de mulheres pobres: babás, empregadas domésticas, cozinheiras, faxineiras, cuidadoras, enfermeiras e assistentes, a quem terceirizam o trabalho de cuidado. A elaboração de políticas que facilitem a ascensão profissional das mulheres deve estar atrelada a práticas que ajudem a luta dessas outras mulheres, senão simplesmente agravarão as desigualdades existentes.

Por exemplo, se os governos federal, estaduais e municipais, por ventura, resolvessem implementar alguma política contra o desemprego, seria sensato associá-la a um sistema de cotas obrigatórias para garantir 50% dos novos postos de trabalho para mulheres. Não é impossível que os políticos vislumbrem um programa de geração de empregos exclusivamente para homens, por acreditarem que as mulheres já têm muitas responsabilidades domésticas. Nos primeiros anos de transição econômica em alguns países da Europa Oriental, as políticas de geração de empregos eram voltadas a homens, pois seguiam o modelo arrimo de família/dona de casa. Como a oferta de empregos no setor privado não supria a imensa demanda de trabalhadores demitidos na rápida privatização e liquidação de empresas estatais, não havia espaço para todo mundo na nova economia. A fim de controlar o desemprego, foram instituídas políticas de restruturação familiar, e havia uma explícita discriminação contra a força de trabalho feminina, obrigando as mulheres a voltar para casa. A imposição do livre-mercado trouxe de volta os papéis tradicionais de gênero.

Mas quando a maioria das pessoas fala sobre cotas, geralmente se refere a cargos de poder. É importante entender que essas políticas, por si só, não vão derrubar todas as barreiras. Mesmo que haja outras maneiras de aumentar o número de mulheres em posição de liderança, o ponto central é criar mais exemplos positivos para ajudar a remodelar as atitudes sociais. Todas as mulheres e meninas são prejudicadas quando a sociedade pressupõe que mulheres ambiciosas são más e feias e determina que poder e autoridade são traços naturais do caráter masculino. A cultura patriarcal permeia a sociedade, e tanto homens quanto mulheres se sentem desconfortáveis ao ver uma mulher no poder. Mulheres fortes e competentes são consideradas pouco femininas e até desagradáveis. Observe a linguagem usada pela revista *Time* em 1948 na descrição da romena Ana Pauker, "a mulher mais poderosa da atualidade": "Agora ela está gorda e feia, mas já foi (os amigos lembram) magra e linda. Era amorosa, tímida e cheia de compaixão pelas pessoas oprimidas, sendo ela própria uma delas. Agora é fria como as águas congeladas do Danúbio, ousada como um senhor feudal em sua própria terra e impiedosa como a foice que extirpa os grãos da Moldávia". A feiura de Pauker cresce proporcionalmente à sua autoridade; a natureza recatada e calorosa é corrompida pela política, dominada por homens. Não é de se surpreender que o antipático perfil de Pauker na capa da *Time* venha acompanhado da foto de uma mulher de meia-idade amarga, de cabelos curtos e grisalhos.[90]

Essa imagem da mulher comunista gorda e feia foi propositalmente construída e propagada pela mídia estadunidense durante a Guerra Fria. Como eu cresci na era Reagan, acreditava nesse terrível estereótipo das soviéticas pouco atraentes. Lembro-me de uma propaganda da rede de lanchonetes Wendy's, em meados dos anos 80, que trazia um desfile de moda soviético. Brincando com os piores clichês criados pelos EUA, o comercial mostrava uma mulher gorda de meia-idade vestida com um avental cinza e um lenço de avó amarrado na cabeça. Ela andava por uma passarela que tinha, ao fundo, um retrato de Lenin. Outra mulher gorda e masculinizada, com uma farda militar verde-oliva, gritava: "moda dia", "moda noite" e "moda praia", enquanto a outra, vestida exatamente com o mesmo avental, segurava uma lanterna no desfile "moda noite" e uma bola de plástico para a "moda praia". Um locutor dizia aos telespectadores que, ao contrário do que acontecia na URSS, na lanchonete Wendy's, as pessoas tinham direito de escolha, mas foi a imagem da feminilidade (ou a falta dela) que fez com que o comercial fosse tão forte. Eu ainda era adolescente quando vi o anúncio pela primeira vez e, certamente, passou pela minha cabeça que querer exercer poder de veto tiraria, de alguma forma, minha feminilidade. Quando finalmente consegui um lugar no Conselho de Segurança do MUN, fiquei pensando se os

---

[90] "A Girl Who Hated Cream Puffs", 33.

meninos, ao me colocarem como representante do "império do mal", acreditavam estar me punindo.

Claro que representar os países do Bloco Oriental era muito mais difícil do que representar os EUA, o Reino Unido ou a França. No caso de países do Ocidente, bastava ler o jornal ou acompanhar o *u.s. News and World Report*. Mas descobrir as motivações ideológicas e práticas da política externa do Bloco Oriental e Soviético exigia uma pesquisa mais detalhada. Naquela época, muito antes da internet, só era possível acessar informações sobre política externa por meio de material impresso, geralmente disponível em bibliotecas. E para acessar os arquivos da própria Organização das Nações Unidas, era preciso dar um jeito de entrar em alguma biblioteca universitária. Se a minha intenção era ganhar o prêmio máximo, eu tinha que ler livros e relatórios produzidos pelos próprios países do Bloco Oriental. Eu sabia que só poderia representá-los de forma convincente se entendesse a visão de mundo deles.

Em 1987, enquanto me preparava para representar a União Soviética no Conselho de Segurança do MUN, eu me deparei com um livro bem grosso, de capa dura. Publicado em 1975, justo no Ano Internacional das Mulheres das Nações Unidas, *Women in Socialist Society* [Mulheres na Sociedade Socialista] era um material de propaganda da Alemanha Oriental muito bem-feito, que celebrava as conquistas das mulheres no Bloco Oriental. Embora o didatismo fosse um tanto suspeito, fiquei encantada com as imagens. As fotos de Rosa Luxemburgo e Alexandra Kollontai, esta última uma jovem de beleza incrível. A adorável Valentina Tereshkova, aos 26 anos, de uniforme. Como se quisessem responder diretamente ao estereótipo das mulheres do Bloco Oriental criado pelo Ocidente, retratadas sempre por mulheres exaustas, que não se enquadravam no padrão de beleza da época, o capítulo "Mulheres, Socialismo, Beleza e Amor" trazia fotografias estilizadas em preto e branco de modelos nuas deslumbrantes, com seios firmes à mostra em nome da causa. Espalhadas pelas páginas brilhantes, havia fotos de mulheres bonitas, magras, trabalhando em fábricas, laboratórios, salas de aula e mesas de reunião ao lado de homens. Mulheres competindo nas Olimpíadas, brincando com os filhos e se divertindo com as colegas de trabalho.

Mais tarde, ao me aprofundar nos estudos sobre a economia planificada, entendi que as imagens do livro representavam bem mais o ideal comunista do que a realidade do socialismo Estatal da Europa Oriental. No final dos anos 1990, quando eu morava na Bulgária, vendedores ambulantes vendiam calcinhas na esquina. Você podia comprar uma calcinha de renda junto com o jornal, porque as pessoas estavam tentando compensar a privação relativa do período anterior a 1989. Sob o socialismo estatal, os desejos das mulheres eram ignorados e os produtos femininos, que vemos aos montes no Ocidente, eram escassos, incluindo os de higiene pessoal. As mulheres búlgaras de uma certa idade ainda estremecem quando se lembram do absorvente de pano áspero que precisavam usar todo mês (quando conseguiam encontrá-lo). A jornalista Slavenka Drakulić mostrou muito bem essa frustração ao escrever para a revista *Ms.*, em 1991. Em suas viagens pela Europa Oriental, ela ouviu "as mesmas queixas de várias mulheres de Varsóvia, Budapeste, Praga, Sófia e Berlim Oriental: 'Olhe para nós. Nem parecemos mulheres. Não temos desodorante nem perfume, às vezes nem sabonete e creme dental. Não temos roupa íntima de qualidade, meia-calça nem lingerie bonita. Pior de tudo, não temos absorvente. Isso não é humilhante?'". Embora as mulheres da Europa Oriental tivessem mais oportunidades profissionais, certamente não tinham acesso aos bens de consumo disponíveis no Ocidente.[91]

Mas, como estudante do ensino médio, eu não sabia disso, e as imagens daquele livro brilhante sobre a Alemanha Oriental me encheram de confiança para incorporar o papel de diplomata soviética das Nações Unidas. Como eram os anos 1980, comprei um terno de cetim brilhante amassado vermelho com ombreiras enormes, besuntei os olhos com sombra e espirrei laquê no meu cabelo encaracolado até ele ficar perigosamente armado. De alguma forma, ajudava saber que, em algumas sociedades, mesmo que num mundo ideal, as mulheres podiam ser ambiciosas e bonitas *ao mesmo tempo*. Eu podia ter seios e ainda poder de veto.

Para finalizar, embora a cultura patriarcal esteja mudando lentamente, especialistas de várias áreas – dos cientistas políticos da União Europeia aos consultores da KPMG – acreditam que ações afirmativas devem ser tomadas para garantir um número maior de mulheres em posição de liderança. Não existe solução mágica, mas o sistema de cotas é parte importante do processo. O Estado cumpre um papel na transformação comportamental e no aumento da inclusão e diversidade, e é essencial que as leis sirvam de ferramentas para criar mais oportunidades de ascensão profissional e política das mulheres. Sim, a atitude das pessoas deve mudar. Mas, para isso, as meninas precisam crescer vendo mais mulheres no poder. E a única maneira de fazer isso acontecer é desafiando a cultura política e econômica que, de partida, impede a participação delas.

---

[91] Slavenka Drakulić, *Como sobrevivemos ao comunismo sem perder o sentido de humor* (Traduzido por Rui Pires Cabral. Colares: Pedra da Lua, 2008).

4

capitalismo debaixo dos lençóis: sexo (Parte 1)

Alexandra Kollontai (1872-1952): teórica socialista da emancipação das mulheres e grande defensora da luta por liberdade sexual e independência econômica. Após a Revolução de Outubro, Kollontai se tornou Comissária do Povo para o Bem-Estar Social e ajudou a fundar o Jenotdel. Supervisionou uma ampla variedade de reformas legislativas e de políticas públicas para ajudar a promover a libertação da mulher trabalhadora e criar as bases de uma nova moralidade sexual comunista. Porém, os russos não estavam preparados para sua visão de emancipação, e ela acabou sendo enviada para a Noruega, tornando-se a primeira mulher russa a servir como embaixadora (e a terceira embaixadora do mundo). *Cortesia da Biblioteca do Congresso dos EUA.*

Meu melhor amigo da faculdade, que vou chamar de Ken, era economista e perdeu a vida no dia 11 de setembro de 2001, na Torre Norte do World Trade Center. Nos treze anos de nossa amizade, gastamos muito dinheiro com ligações de longa distância e cruzamos continentes e oceanos para nos vermos pessoalmente quando falar pelo telefone já não era suficiente. Nós nos encontramos em Hong Kong quando ele se divorciou, e eu passei horas escutando Ken soluçar tomando vodca martini em um bar chamado Rick's Café. Em 1998, ele fotografou meu casamento e, no feriado do Dia do Trabalho[92] de 2001, veio até Berkeley para sentir minha barriga de sete meses de gravidez. Ele faleceu antes de eu ter o bebê.

Nascido e criado fora dos Estados Unidos, Ken viveu o sonho americano: começou a carreira em Wall Street em 1989 e foi subindo na empresa de milionários. Antes de se casar, aproveitou muito bem a vida de solteiro rico em Nova York. Certa vez, em um boteco em Oakland, conversamos sobre o que as pessoas precisavam para ter um relacionamento saudável, e eu ainda guardo o pedaço de papel em que Ken escreveu nossas opiniões. "Kristy: boa aparência, sensibilidade, inteligência, presença de espírito. Eu: pernas torneadas, tornozelo bonito, olhos melancólicos, seios redondos + um pouco de cérebro." Eu

---

[92] N. da E.: *Labor Day*, feriado celebrado na primeira semana de setembro.

tentava argumentar que existem quatro tipos de conexão entre as pessoas, e que as melhores relações eram aquelas em que o casal se conecta dessas quatro maneiras. Mas Ken continuou insistindo que a mulher tem de ser bonita e esperta só na medida certa para não ser burra. "Eu amo vadia!!!", escreveu. Mas quando a esposa oportunista terminou o relacionamento assim que eles conseguiram o *green card* e ainda exigiu uma pensão astronômica, Ken começou a questionar suas preferências.

"Eu nunca quis namorar mulher com carreira", disse ao telefone depois que a dor do divórcio começou a dissipar e ele se sentiu pronto para voltar a namorar. "Tem muita coisa acontecendo na vida delas e elas não conseguem estar presentes quando você precisa. Uma vez, saí com uma advogada e ela só falava sobre os casos dela".

"Você também fala sobre trabalho", respondi.

"Eu sei. E quero uma namorada que escute".

Ken respirou fundo do outro lado da linha. "Mas quer saber? Acho que eu deveria tentar namorar mais mulher inteligente. Estou cansado de interesseiras".

"Sério?", repliquei. "Seria bem inusitado para você."

Ken contou que teve uma epifania. Explicou que, como eu suspeitava, ele evitava mulheres inteligentes e independentes porque se sentia menos homem, menos no controle da relação. Mas um de seus colegas de trabalho havia se casado recentemente com uma advogada "gata demais". Na festa de casamento, depois de tomar cinco taças de vinho a mais do que deveria, enquanto assistia ao novo casal dançando, percebeu que o colega, na verdade, era muito mais homem, porque não se sentia intimidado por uma mulher de sucesso. "Pensa bem", disse Ken. "Pegar uma mulher gostosa é fácil, mas conquistar uma mulher gostosa *e* inteligente que ganha o próprio dinheiro é difícil. Como ela ganha o próprio dinheiro, não vai ficar com você por causa disso".

Ele suspirou. "Acho que meu amigo e a esposa se amam de verdade."

Para Ken, atração e amor sempre estiveram atrelados a dinheiro e poder. Ele usava a conta bancária para atrair mulheres e se divertiu no papel de macho alfa. Mas o que ele descobriu (muito tarde para uma vida tão curta) foi a ideia de que relacionamentos igualitários deixam menos espaço para subterfúgios emocionais e ressentimentos. Ken tinha adoração pela ex-mulher e acreditava que era recíproco. Ela certamente alimentou essa ilusão, concedendo todo o controle ao marido no curto tempo de casamento. Depois que ela o trocou por outro homem, Ken começou a se perguntar se ela o havia amado de verdade ou apenas o usara para imigrar para os EUA. O que mais o incomodou foi não conseguir perceber a diferença – ela havia desempenhado muito bem o papel de esposa atenciosa e amorosa até pedir o divórcio. Nunca passou pela cabeça de Ken questionar a autenticidade da esposa, e ele temia repetir o mesmo erro no próximo relacionamento. Infelizmente, ele não teve chance de ver isso acontecer. Tinha menos de 40 anos quando as torres do World Trade Center desabaram.

*

Como Ken era formado em economia e um capitalista roxo, sei que teria adorado uma pesquisa publicada apenas três anos após sua morte. Em 2004, um artigo polêmico – "Sexual Economics: Sex as Female Resource for Social Exchange in Heterosexual Interactions" [Economia sexual: sexo como recurso feminino de troca social nas interações heterossexuais] – propôs que sexo é algo que os homens compram das mulheres com recursos monetários e não monetários, e que amor e romance são meros véus cognitivos usados pelo ser humano para acobertar a natureza transacional dos relacionamentos. Roy Baumeister e Kathleen Vohs, autores do artigo, deram um salto teórico ousado ao aplicar a disciplina da economia no estudo da sexualidade humana. A proposta desencadeou um acalorado debate na psicologia sobre os comportamentos "naturais" de homens e mulheres no processo de sedução.[93]

A teoria da economia sexual ou das transações sexuais propõe que o estágio inicial da sedução sexual entre homens e mulheres pode ser caracterizado como um mercado no qual as mulheres vendem e os homens compram sexo com recursos não sexuais. "A teoria da economia sexual utiliza princípios básicos dos mercados econômicos, como a lei da oferta e procura. Quando a procura excede a oferta, os preços aumentam (favorecendo quem vende, ou seja, a mulher). Por outro lado, quando a oferta excede a procura, os preços caem, favorecendo quem compra (o homem)". A ideia, basicamente, era que o sexo seria uma mercadoria controlada pelas mulheres, porque elas teriam impulsos sexuais mais brandos que os homens. Por conta do princípio do menor interesse, e porque seriam menos controladas por impulsos sexuais, as mulheres deteriam o poder na relação sexual e poderiam exigir compensação, já que os homens precisariam muito mais da mercadoria (sexo) do que elas. Seria também para manter o preço do sexo alto que, supostamente, a mulher reprimiria a sexualidade de outras vendedoras. Assim, Baumeister e Vohs argumentaram que o patriarcado não seria responsável pela criação e constrangimento

---

[93] Roy Baumeister e Kathleen Vohs, "Sexual Economics: Sex as Female Resource for Social Exchange in Heterosexual Interactions", *Personality and Social Psychology Review* 8, no. 4 (2004): 339-363.

do estereótipo da vagabunda, mas, sim, as próprias mulheres, que desejariam punir aquelas que vendem sexo por valores baixos e, com isso, reduziriam o preço geral no mercado.[94]

Os autores não estavam falando sobre trabalho sexual, em que há uma troca direta entre sexo e dinheiro (embora utilizem a existência generalizada do trabalho sexual para sustentar a teoria). Sendo assim, como o homem compraria os serviços sexuais da mulher? Os defensores da teoria da economia sexual explicam:

> Há uma gama de bens valiosos que podem ser trocados por sexo. Em troca de sexo, as mulheres podem obter amor, compromisso, respeito, atenção, proteção, favores materiais, oportunidades, boas notas e promoções no trabalho, além de dinheiro. Ao longo da história da civilização, uma troca padrão tem sido sexo – ou, mais precisamente, o acesso exclusivo à sexualidade da mulher – pelo comprometimento do homem de fornecer recursos (em geral fruto de seu trabalho) a longo prazo. Ser contra ou a favor disso não vem ao caso. O ponto-chave é entender que essas oportunidades são quase exclusivas para as mulheres. Os homens, geralmente, não podem trocar sexo por outros benefícios.[95]

Por se basear na falsa premissa de que os impulsos sexuais da mulher são mais fracos que os do homem e na ideia de que as mulheres possuem um desejo "natural" de extrair recursos dos homens em troca de sexo, a teoria da economia sexual foi bastante combatida no campo da psicologia. As feministas tam-

---

[94] Roy Baumeister, Tania Reynolds, Bo Winegard e Kathleen Vohs, "Competing for Love: Applying Sexual Economics Theory to Mating Contests", *Journal of Economic Psychology* 63 (dez. 2017): 230-241.

[95] Baumeister et al., "Competing for Love".

bém chamaram atenção para as suposições patriarcais e misóginas incrustadas na teoria, que argumenta que o preço do sexo variaria de acordo com a percepção da mulher como desejável (determinada pelos homens compradores). Houve ainda críticas ao viés economicista que reduz a relação e o afeto mútuo a uma competição em que cada um está tentando fazer o melhor negócio. Embora as críticas sejam importantes, a teoria da economia sexual conquistou muitos seguidores por ser intuitiva, principalmente se considerarmos a cultura individualista e materialista dos Estados Unidos.[96]

Na verdade, alguns estadunidenses de direita usam a teoria da economia sexual para culpar as mulheres pelos males atuais da nossa sociedade. Para se ter uma ideia, em 2014, o conservador Austin Institute viralizou uma animação no YouTube baseada na teoria de Baumeister e Vohs, dizendo que a culpa pela queda no número de casamentos e pelos jovens desajustados nos EUA era das mulheres desgarradas, que faziam o preço do sexo despencar. Nessa visão de mundo, a disponibilidade de métodos contraceptivos (e, supõe-se, do aborto) teria reduzido os riscos associados ao sexo, já que diminuiria a probabilidade de uma gravidez indesejada que precisaria ser levada a termo. Argumentou-se que, quando o sexo trazia ao homem o risco de ser pai, a mulher cobrava um preço mais alto pelo acesso ao corpo, de, no mínimo, um compromisso duradouro ou, no melhor dos casos, casamento. Porém, quando os métodos contraceptivos reduziram o risco de gravidez, as mulheres passaram a fazer o que queriam com o próprio corpo, e o preço do sexo

---

[96] Ver, por exemplo, Laurie A. Rudman, "Myths of Sexual Economics Theory: Implications for Gender Equality", *Psychology of Women Quarterly* 4, no. 3 (2017): 299-313.

despencou. Sem falar que surgiram outras oportunidades para as mulheres ganharem dinheiro.[97]

Mas seria isso algo terrível? Além da queda do número de casamentos (o velho argumento "por que comprar a vaca se você pode obter leite de graça?"),[98] o sexo barato prejudicaria os homens que, de acordo com essas teorias, aparentemente não fazem mais nada da vida além de correr atrás de sexo. Sério, isso não é uma piada. De acordo com os ideólogos do Austin Institute, os jovens de hoje em dia não saem mais da casa dos pais e passam o dia jogando videogame e comendo pizza porque podem encontrar sexo barato a uma mensagem de distância. Se a mulher não tivesse acesso a anticoncepcionais, o preço do sexo aumentaria. Se não tivesse acesso a aborto, aumentaria ainda mais. Se tivesse menor nível educacional e menos opor-

---

[97] O vídeo *The Economics of Sex*, do Austin Institute, pode ser encontrado aqui: www.youtube.com/watch?v=cO1ifNaNABY. Para uma crítica interessante dos efeitos sobre jovens que assistem ao conteúdo, ver Laurie A. Rudman e Janelle Fetteroff, "Exposure to Sexual Economics Theory Promotes a Hostile View of Heterosexual Relationships", *Psychology of Women Quarterly* 4, no. 1 (2017): 77-88. Sobre a economia do aborto, ver George Akerlof, Janet Yellen, e Michael Katz, "An Analysis of Out-of-Wedlock Childbearing in the United States", *Quarterly Journal of Economics* 11, no. 2 (1996): 277-317. Os trabalhos de Shoshana Gossbard sobre a economia do amor e do casamento também são precursores importantes da teoria da economia sexual.

[98] N. da E.: no original *Why buy the cow when you can get the milk for free*. Ditado popular nos EUA, seu sentido principal é de que, para um homem, o casamento e o compromisso com uma mulher não fazem sentido quando eles tem livre acesso a sexo. A expressão, obviamente, tem a intenção de depreciar e culpabilizar a mulher, isentando o homem de responsabilidade pelas próprias atitudes e escolhas.

tunidades financeiras fora da relação com o homem, o preço seria, geralmente, o casamento. Quando o preço do sexo é alto (segundo essa teoria), o homem, ávido por sexo, tem incentivo para conseguir um emprego, ganhar dinheiro e fazer alguma coisa da vida. Assim, ele conseguiria comprar o acesso vitalício à sexualidade de uma mulher, pelo casamento. Em culturas com mais homens do que mulheres, por exemplo, os economistas mostram que a taxa de empreendedorismo masculino é maior. Por outro lado, com o preço do sexo baixo, os homens não têm nenhum incentivo para fazer nada produtivo.[99]

Sendo justa, os autores originais da teoria da economia sexual não propõem mudanças normativas em nossa sociedade, e são apenas observadores que reuniram indícios que comprovassem seu modelo teórico. Eles também reconhecem que o mercado sexual está inserido em diferentes contextos culturais, que determinam a oferta e a procura. Para sustentar essas proposições, os adeptos dessa teoria afirmam que o *status* da mulher dentro da sociedade tem influência na forma como os mercados sexuais operam. Apontam, por exemplo, que a emancipação das mulheres reduz o preço do sexo porque, com oportunidades de educação e emprego remunerado, elas encontram outras formas de suprir suas necessidades básicas. O modelo pressupõe que o preço do sexo seja mais alto em sociedades

---

[99] Simon Chang, Rachel Connelly e Ping Ma, "What Will You Do If I Say 'I Do'?: The Effect of the Sex Ratio on Time Use Within Taiwanese Married Couples", *Population Research and Policy Review* 35, no. 4 (20164): 471-500; Simon Chang e Xiaobo Zhang, "Mating Competition and Entrepreneurship: Evidence from a Natural Experiment in Taiwan", Discussion Paper 01203 do IFPRI, 29/8/2013, papers.ssrn.com/sol3/papers.cfm?abstract_id=2143013.

mais tradicionais, onde as mulheres são excluídas da vida política e econômica.

Para provar esse argumento, Roy Baumeister e Juan Pablo Mendoza cruzaram os resultados de uma pesquisa global sobre sexo com os de uma medição independente sobre desigualdade de gênero para mostrar que a criação de novas oportunidades econômicas para as mulheres resulta em sexo mais livre. Os autores concluíram que, em países mais igualitários, há "mais sexo casual, mais parceiros sexuais per capita, maior aceitação/aprovação do sexo antes do casamento e iniciação sexual mais cedo". Assim, argumentaram que a independência econômica feminina vem, geralmente, acompanhada de uma liberalização dos costumes sociais em torno da sexualidade. "Segundo a teoria da economia sexual", explicaram Baumeister e Mendoza, "quando a mulher não consegue obter, de forma fácil ou direta, certos recursos como influência política, assistência médica, dinheiro, educação e trabalho, a venda do sexo se torna um meio crucial para garantir uma vida de qualidade e, portanto, é fundamental que o preço se mantenha alto". Para isso acontecer, bastaria reduzir a oferta (acabar com o sexo casual). Seguindo uma lógica semelhante, um certo grupo de extremo conservadorismo social acredita que a única maneira de "fazer a América voltar a ser grandiosa" seria proibindo o aborto e os métodos anticoncepcionais e deixando poucas oportunidades econômicas além da venda de sexo para as mulheres obterem recursos financeiros para comprar produtos básicos. Quando a venda da sexualidade se tornasse o único meio de sobrevivência, o preço do sexo supostamente aumentaria, salvando toda uma geração de homens de uma vida sem propósito.[100]

---

[100] Roy Baumeister e Juan Pablo Mendoza, "Cultural Variations in the Sexual Marketplace: Gender Equality Correlates With More Sexual

A teoria da economia sexual pressupõe um sistema econômico capitalista no qual as mulheres possuem um ativo (o sexo) e podem vendê-lo ou doá-lo, seja como trabalhadoras do sexo ou de maneiras menos evidentes, mas não menos transacionais, como amantes, namoradas ou esposas. Para suprir necessidades básicas (comida, moradia, saúde, educação), as mulheres precisariam vender sexo ou ganhar dinheiro de outra forma. Quanto mais oportunidades de ganhar dinheiro tiverem à disposição (ou seja, em sociedades com alto nível de igualdade de gênero), menor será a dependência da venda de sexo, e maior a probabilidade de que façam sexo por prazer. Da mesma maneira, é de se supor que as mulheres que vivessem em uma sociedade com acesso subsidiado a necessidades básicas teriam menos incentivos para guardar o sexo para manter o preço elevado. Em outras palavras, em sociedades com alto nível de igualdade de gênero, proteção da liberdade reprodutiva e uma ampla rede de segurança social, as mulheres raramente precisariam se preocupar com o preço do sexo no mercado aberto. Nessas circunstâncias, o modelo da teoria da economia sexual prevê que a sexualidade da mulher deixaria de ser uma mercadoria vendável.

Como uma pessoa bastante crítica a modelos econômicos reducionistas, sou fascinada pela teoria da economia sexual e acredito que ela nos oferece uma visão bem clara de como a sexualidade é vivida nas sociedades capitalistas. Em essência, a teoria procede, porém apenas dentro dos limites do sistema de livre-mercado. Na verdade, há uma bela convergência entre as obras de Baumeister e seus colegas e as críticas socialistas à sexualidade no capitalismo. Embora não se deem conta, os teóricos da economia sexual trazem à tona uma crítica já feita pelos

---

Activity", *Journal of Social Psychology* 151, no. 3 (2011): 350-360.

socialistas: o sistema capitalista transforma todas as interações humanas em mercadoria e a mulher em propriedade. Em 1848, Karl Marx e Friedrich Engels afirmaram que o capitalismo só deixou subsistir,

> de homem para homem, o laço do frio interesse, as duras exigências do "pagamento à vista". Afogou os fervores sagrados da exaltação religiosa, do entusiasmo cavalheiresco, do sentimentalismo pequeno-burguês nas águas geladas do cálculo egoísta. Fez da dignidade pessoal um simples valor de troca; substituiu as numerosas liberdades, conquistadas duramente, por uma única liberdade sem escrúpulos: a do comércio... A burguesia rasgou o véu do sentimentalismo que envolvia as relações de família e reduziu-as a meras relações monetárias.

Desde então, os teóricos socialistas culpam também o capitalismo pela mercantilização da sexualidade feminina e argumentam que a independência econômica das mulheres e a propriedade coletiva dos meios de produção libertariam as relações pessoais dos cálculos econômicos. Nessa visão, uma sociedade igualitária, na qual homens e mulheres viveriam e trabalhariam juntos como pessoas iguais, traria um novo tipo de relacionamento pautado no amor e no afeto mútuo, não conspurcado por questões como valor, preço e troca.[101]

*

---

[101] Karl Marx e Friedrich Engels, *Manifesto Comunista* (Traduzido por Álvaro Pina. 1.ª ed., 4.ª reimpressão. São Paulo: Boitempo Editorial, 2005).

Na era do socialismo utópico, durante a década de 1830, os teóricos argumentavam que as sociedades pós-capitalistas trariam uma nova forma de moralidade sexual. Em seu livro de 1879, *Mulher e Socialismo* [Die Frau und der Sozialismus], August Bebel escreveu que o desejo sexual é natural e saudável, e que as mulheres precisavam ser libertadas das relações de propriedade então aceitas pela sociedade, que distorciam e suprimiam a sexualidade para escasseá-la:

> A mulher da futura sociedade tem independência econômica e social, não está sujeita a nenhum vestígio de subjugação ou exploração, é livre, igual ao homem e dona de seu destino... Ao escolher o objeto de seu afeto, a mulher, assim como o homem, é livre para viver sem amarras. Ela corteja e é cortejada e entra em uma relação seguindo apenas suas próprias inclinações... Contanto que a satisfação dos instintos não cause danos e sofrimento a outro, o indivíduo deve buscar suprir suas necessidades. *A satisfação do instinto sexual é algo tão privado quanto a de qualquer outro instinto natural.* Não diz respeito a ninguém além do próprio indivíduo e nenhum juiz indesejado tem o direito de interferir. O que vou comer, como vou beber, dormir e me vestir é assunto meu, assim como são minhas relações sexuais com a pessoa do sexo oposto. [grifo do autor].[102]

Talvez seja difícil hoje, no século XXI, entender como essas ideias eram radicais no final do século XIX, quando o livro foi publicado pela primeira vez. Bebel realmente acreditava que a

---

[102] August Bebel, "Woman of the Future", em *Woman and Socialism*, traduzido ao inglês por Meta L. Stern (Nova York: Socialist Literature, 1910), www.marxists.org/archive/bebel/1879/woman-socialism /index. htm.

sexualidade era assunto privado (e é considerado por ativistas modernos dos direitos LGBTQ+ como o primeiro político a defender publicamente os direitos da população homossexual, em 1898). Friedrich Engels também argumentou, em 1884, que a subjugação das mulheres era resultado do desejo masculino de legitimar herdeiros. Para garantir que os filhos fossem seus, o homem precisava controlar a sexualidade da mulher por meio da instituição do casamento monogâmico. A fidelidade e a capacidade reprodutiva da mulher tornaram-se mercadorias a serem trocadas entre os homens com o objetivo de passar a riqueza e o poder acumulados para as futuras gerações de descendentes. Mas a monogamia era exigida apenas da mulher, uma vez que os homens podiam ter relações sexuais fora do casamento impunemente, e o contrato do casamento privava a maioria das mulheres não apenas do controle sobre o próprio corpo, mas também de seus direitos fundamentais como indivíduos. O casamento reduzia a mulher à condição de propriedade do marido.[103]

---

[103] Bebel, *Woman and Socialism*; John Lauritsen, "The First Politician to Speak Out for Homosexual Rights", 1978, paganpress-books.com/jpl/bebel.htm. Embora os países socialistas estatais do século XX, em geral, considerassem a homossexualidade uma reminiscência infeliz da decadência burguesa que deveria ser combatida, sexólogos da Tchecoslováquia e Alemanha Oriental acabariam por assumir uma posição menos crítica. Às vésperas da queda do Muro de Berlim, a Alemanha Oriental se preparava para reconhecer oficialmente os relacionamentos homossexuais. Ver Josie McLellan, *Love in the Time of Communism: Intimacy and Sexuality in the GDR* (Nova York: Cambridge University Press, 2011); Friedrich Engels, *A origem da família, da propriedade privada e do Estado* (Traduzido por Leandro Konder. 9.ª ed. Rio de Janeiro: Civilização Brasileira, 1984).

Alexandra Kollontai se rebelou contra a mercantilização contínua das mulheres. Nascida em uma família nobre em 1872, demonstrou, desde muito cedo, profunda empatia pelas condições deploráveis em que viviam as classes trabalhadoras na Rússia, o que a fez seguir carreira política e, muitas vezes, entrar em conflito com as autoridades czaristas. Ao observar a situação de sua própria classe, Kollontai passou a abominar a troca da sexualidade das mulheres por dinheiro, bens, serviços e posição social. Quando criança, viu a mãe obrigar a irmã de vinte anos a se casar com um homem cinquenta e um anos mais velho porque ele era considerado um "bom pretendente". Kollontai rejeitou casamentos por conveniência e queria se casar por amor, pelo que chamava de "grande paixão". Escreveu: "No que diz respeito às relações sexuais, a moralidade comunista exige, antes de mais nada, o fim de todas as relações pautadas em dinheiro ou quaisquer outras considerações econômicas. A compra e venda de afetos acaba com a igualdade entre os sexos e, portanto, destrói a base de solidariedade sem a qual a sociedade comunista não pode existir".[104]

Em 1894, a partir da leitura de *Mulher e Socialismo*, de August Bebel, Kollontai formulou suas próprias opiniões sobre uma nova forma de moralidade progressista. Como Bebel, ela acreditava que a sexualidade precisava ser liberta do estigma social. "O ato sexual não pode ser visto como algo vergonhoso

---

[104] John Simkin, "Alexandra Kollontai", Spartacus Educational, set. 1997, atualizado em out. 2017, spartacus-educational.com/RUSkollontai. htm; Alexandra Kollontai, *Autobiografia de uma mulher comunista sexualmente emancipada* (Traduzido por Lígia Gomes. São Paulo: Sundermann, 2007) e "Theses on Communist Morality in the Sphere of Marital Relations", 1921, www.marxists.org/archive/kollonta/1921/ theses-morality.htm.

e pecaminoso, mas como algo natural, uma das necessidades de um organismo saudável tal como a fome e a sede. Este fenômeno não pode ser julgado como moral ou imoral". Kollontai defendia que somente no socialismo as pessoas seriam livres para amar e as relações sexuais aconteceriam a partir da atração e afeição mútuas, não por dinheiro ou posição social. Mas é importante perceber que Kollontai nunca defendeu a promiscuidade desenfreada nem a busca por um prazer hedonista por meio do "amor livre". A teórica acreditava que, ao se destruir a ligação entre propriedade e sexualidade, homens e mulheres passariam a ter relacionamentos mais autênticos e significativos. Embora tenha sido posteriormente acusada de libertina sexual, era relativamente conservadora (para os padrões modernos) e defendia a satisfação sexual apenas dentro de relações heterossexuais baseadas no amor.[105]

Kollontai considerava sexo por prazer uma distração burguesa, que levava ao distanciamento do trabalho necessário da revolução. Comparava o "Eros sem asas", do sexo físico, com o "Eros alado" idealizado, da conexão emocional e, até mesmo, espiritual. O amor romantizado entre homem e mulher deveria contribuir para o amor de toda a humanidade, que sustentaria as bases da ideologia socialista (talvez Kollontai tenha sido a primeira hippie). Em seu panfleto de 1921, *Teses sobre a moralidade comunista na esfera das relações conjugais*, escreveu: "A visão burguesa, que restringe as relações sexuais a uma mera questão de sexo, deve ser combatida e substituída pela compreensão de toda uma gama de experiências de amor e alegria que enriquecem a vida e levam à maior felicidade. Quanto

---

[105] Cathy Porter, *Alexandra Kollontai: A Biography* (Chicago: Haymarket Books, 2014); Alix Holt, *Alexandra Kollontai: Selected Writings* (Nova York: W. W. Norton, 1980).

maior o desenvolvimento intelectual e emocional do indivíduo, menor é o espaço concedido para a questão fisiológica do amor em suas relações, e mais intensa é a experiência amorosa".[106]

Kollontai via o casamento como uma instituição responsável pela contínua subjugação das mulheres, e foi contra isso que lutou durante os primeiros anos após a Revolução de Outubro de 1917, na Rússia. Ela e um pequeno grupo de juristas radicais tentaram desafiar as bases do matrimônio tradicional, substituindo cerimônias religiosas por civis, ampliando a lei do divórcio, legalizando o aborto, descriminalizando a homossexualidade, igualando os direitos de filhos legítimos e ilegítimos, inserindo as mulheres na força de trabalho formal e socializando o trabalho doméstico por meio da criação de lavanderias, refeitórios e abrigos infantis públicos. Mas, como dito anteriormente, Lenin e outros homens bolcheviques consideravam a questão da mulher menos urgente, e Kollontai acabou assumindo o cargo de diplomata e sendo enviada à Noruega (para tirá-la do país). Em 1926, fazendo um retrospecto sobre sua vida, Kollontai escreveu: "Seja qual for a tarefa que eu estiver realizando, está absolutamente claro, para mim, que a conquista da liberdade total da mulher trabalhadora e a criação dos fundamentos de uma nova moralidade sexual sempre serão o mais alto objetivo de minha luta e minha vida".[107]

A ideia defendida por Kollontai, de que a sexualidade deveria ser dissociada da economia, foi compartilhada por muitos

---

[106] Kollontai, "Theses on Communist Morality".

[107] Wendy Z. Goldman, *Mulher, Estado e revolução: política da família soviética e da vida social entre 1917 e 1936*. (Traduzido por Natália Angyalossy Alfonso com colaboração de Daniel Angyalossy Alfonso e Marie Christine Aguirre Castañeda. São Paulo: Boitempo/Iskra, 2014) e Kollontai, *Autobiografia*.

jovens soviéticos na década de 1920. Em 1922, uma pesquisa com 1.552 estudantes da Universidade Comunista de Sverdlov, em Moscou, revelou que apenas 21% dos homens e 14% das mulheres consideravam o casamento a maneira ideal de organizar a vida sexual. Por outro lado, dois terços das mulheres e metade dos homens disseram preferir um relacionamento de longo prazo baseado no amor. Mas essa visão liberal não se estendeu ao restante da população. O viés tradicional da cultura camponesa russa, combinado às diretrizes conservadoras da classe médica, conspiraram contra as tentativas de reforma social de Kollontai. Sem acesso a métodos anticoncepcionais confiáveis, as mulheres não conseguiam controlar a fertilidade, e os homens que declaravam amor eterno desapareciam quando havia uma criança a caminho. Mesmo com a imposição de pensão alimentícia pela justiça, os homens conseguiam escapar de suas responsabilidades. Os salários das mulheres não eram altos o suficiente para sustentar os filhos, e muitas delas precisaram recorrer ao trabalho sexual, exatamente o tipo de transação econômica que Kollontai esperava erradicar. O Estado soviético tentou criar uma rede de orfanatos para assistir crianças abandonadas, mas o projeto revelou-se caro demais. Como última tentativa, Kollontai propôs a substituição da pensão alimentícia por um fundo de seguridade social para que as crianças pudessem receber suporte financeiro do Estado, mas suas ideias foram ridicularizadas e rejeitadas. Em meados da década de 1920, centenas de milhares de crianças órfãs vagavam pelas ruas da Rússia soviética, pedindo dinheiro, roubando e materializando o fracasso de uma prematura tentativa de revolução sexual.[108]

---

[108] Dados de 1922 sobre estudantes de Moscou, citados no artigo de Sheila Fitzpatrick, "Sex and Revolution: An Examination of Literary and

Stalin, cuja ditadura teve início no final da década de 1920, decidiu que seria mais fácil restabelecer um sistema no qual as mulheres voltariam a ser responsáveis pela gravidez e criação dos filhos, de graça, dentro dos limites do casamento tradicional, ao mesmo tempo em que eram obrigadas a trabalhar fora para ajudar a construir o poder industrial soviético. Muitos conservadores sociais estadunidenses se identificariam com políticas de Josef Stalin: ele voltou a criminalizar o aborto, promoveu a abstinência antes do casamento, reprimiu a educação sexual, perseguiu a população homossexual e enfatizou a importância dos papéis tradicionais de gênero dentro do casamento monogâmico e heterossexual. A maioria dos estudos confirma que, mesmo depois da morte de Stalin e da nova flexibilização da lei do aborto, a educação sexual pública era continuou inexistente na URSS. Antes disso, a maioria das mulheres encarava o sexo como um dever conjugal, tendo como único objetivo a procriação, e a sociedade soviética se mantinha bastante puritana. Kollontai morreu em 1952, muito antes que sua visão de uma sexualidade soviética baseada no amor e no afeto mútuo pudesse se desenvolver.[109]

Statistical Data on the Mores of Soviet Students in the 1920s", *Journal of Modern History* 50, no. 2 (1978): 252-278. Ver também Goldman, *Mulher, Estado e Revolução*; Richard Stites, *The Women's Liberation Movement in Russia: Feminism, Nihilism, and Bolshevism*, 1860-1930 (Princeton: Princeton University Press, 1978); Gail Lapidus (ed.), *Women, Work, and Family in the Soviet Union* (New York: Routledge, 1981); e Gail Lapidus, *Women in Soviet Society: Equality, Development and Social Change* (Berkeley: University of California Press, 1978).
109 Frances Lee Bernstein, *The Dictatorship of Sex: Lifestyle Advice for the Soviet Masses* (DeKalb: Northern Illinois University Press, 2011).

*

No entanto, a concepção de Kollontai de uma sociedade em que a sexualidade está livre de amarras econômicas vem inspirando o pensamento feminista desde o início do século xx. Entre o ideal socialista de que a sexualidade deve ser pautada no afeto mútuo e a proposta da teoria da economia sexual, temos duas visões distintas de como organizar a sexualidade heterossexual. Na primeira, a independência econômica das mulheres é celebrada como um pré-requisito para se alcançar uma forma de amor mais autêntica e, na segunda, essa independência é apenas um dos fatores que influenciam o preço relativo do sexo, uma mercadoria a ser adquirida pelo homem. Embora devam existir outras teorias possíveis a respeito dos relacionamentos heterossexuais, para esta argumentação, vamos considerar esses dois polos antagônicos. Qual seria melhor?

Obviamente, não há uma resposta simples para essa pergunta. A sexualidade humana é complexa e bastante difícil de ser estudada, trazendo problemas a qualquer tipo de julgamento normativo. Sem considerar quem escolhe o trabalho sexual por algum outro motivo que não seja a necessidade financeira, arrisco afirmar que, quando se é obrigada a vender sexo para pagar o aluguel, não tem como ser uma coisa tão prazerosa assim. Além disso, se um homem sente que está pagando pelo acesso ao corpo de uma mulher, por que se importaria com o prazer dela? Afinal, ele acredita que ela já está sendo recompensada de outras maneiras. Se fosse uma mulher contratada para limpar sua casa, ele ficaria preocupado se ela está gostando do trabalho ou não? Seria esperado que ele se importasse? Por outro lado, duas pessoas que se acariciem sem pensar no que mais podem ganhar com isso talvez fiquem mais atentas às necessidades uma da outra do que aquelas que, consciente ou inconscientemente, estão preocupadas com a natureza econômica da troca. Mas como ter certeza disso?

Não precisamos apenas especular. As experiências do socialismo de Estado da Europa Oriental nos ajudam a compreender os efeitos da economia política no cortejo heterossexual. Apesar de todos os problemas, como já foi dito, os países do outro lado da Cortina de Ferro implementaram várias políticas em favor da independência econômica das mulheres (embora diferentes em cada região), o que teria feito, segundo a teoria da economia sexual, o preço do sexo cair. Será que as mulheres e os homens começaram a ver a sexualidade feminina como algo a ser compartilhado em vez de um objeto de troca? Será que as relações íntimas passaram a ser vividas de maneira diferente nos países capitalistas e socialistas? E o que aconteceu depois da queda do Muro de Berlim? Os mercados sexuais descritos por Baumeister e Vohs voltaram a funcionar com o advento das privatizações e da economia de livre-mercado do pós-socialismo?

Todos os estudos sobre o que chamamos de "bem-estar subjetivo" – sentimentos de felicidade e satisfação sexual relatados pelas próprias pessoas – enfrentam o mesmo problema: a dificuldade de analisar as emoções humanas com objetividade. No caso de um câncer, o médico consegue examinar o corpo humano e determinar empiricamente a presença ou ausência de células cancerígenas. Mas no caso de uma dor, é preciso confiar no relato do paciente. E as pessoas não relatam a dor da mesma maneira. Costuma-se usar uma escala de 1 a 10 para medir a intensidade da dor. Não é uma escala absoluta, mas relativa. No hospital, por exemplo, médicos e enfermeiros perguntam várias vezes a intensidade da dor para o paciente, para avaliar a escala individual e, a partir dela, definir a quantidade e o tipo de medicamento que será necessário. Porém, a dor existe objetivamente. Uma pessoa com um fêmur quebrado sente mais dor que uma outra com a unha encravada, mesmo que esta última pareça estar sofrendo mais. Sabemos disso quando reunimos todos os relatos de níveis de dor de pacientes nas duas situações e comparamos as médias.

No que diz respeito ao método de análise, a felicidade e a satisfação sexual estão mais para a dor do que para o câncer. Psicólogos, sexólogos e outros pesquisadores separam amostras representativas de populações específicas e, em seguida, perguntam às pessoas, individualmente, sobre seu estado emocional ou sentimentos relativos a certas experiências. A escolha das perguntas, a maneira como são feitas e a forma e a sequência em que as respostas são esperadas são aspectos importantes para os estudos de bem-estar subjetivo. Nos estudos mais sérios, os pesquisadores formulam a mesma pergunta de diferentes formas várias vezes para controlar tipos de mal-entendido e parcialidade. Em teoria, se o número de pessoas de cada amostra for grande o suficiente, podemos observar certos padrões e estabelecer afirmações genéricas (pelo menos dentro de um determinado meio cultural).

Muitos historiadores, antropólogos e sociólogos contemporâneos estão interessados em saber se há diferenças entre a sexualidade não capitalista e os tipos de relações íntimas mantidas, tanto no passado quanto no presente, nas economias de livre-mercado do Ocidente. Ao levantar dados, descobriram uma série de estudos, conduzidos antes e depois de 1989, que sugerem peculiaridades fascinantes nas experiências sexuais do outro lado da Cortina de Ferro, conforme detalharei no próximo capítulo. Como estavam preocupados com a queda da taxa de natalidade, os cientistas dos países socialistas de Estado se concentraram, principalmente, nas relações heterossexuais, mas muitas das análises sobre os danos que as transações mercadológicas podem causar às relações humanas são relevantes a pessoas de todas as orientações sexuais. Novamente, a ideia aqui não é enaltecer nem sugerir um retorno ao passado socialista de Estado, mas entender como o capitalismo afeta nossas experiências mais íntimas a partir da observação de sociedades menos impactadas pelas forças do mercado. Se a teoria da economia sexual descreve a maneira como o sistema capitalista transforma afetos e atenções em mercadoria, que caminhos políticos podemos adotar para controlar as operações do livre-mercado? Talvez possamos ter uma vida privada mais satisfatória em uma sociedade que garanta liberdades individuais e uma esfera pública mais robusta, que atenue as operações descritas pela teoria da economia sexual sem cair no autoritarismo.

5

a cada uma, segundo suas necessidades: sexo (parte 2)

Inês Armand (1874-1920): nascida em Paris, a feminista bolchevique franco-russa Armand foi figura-chave no movimento comunista pré-revolucionário. Depois de 1917, chefiou o Conselho Econômico de Moscou, atuou como membro executivo do Soviet (Conselho) de Moscou e esteve à frente do Jenotdel, direcionando esforços para a luta pela igualdade sexual e socialização do trabalho doméstico. Ajudou a organizar abrigos infantis, lavanderias e refeitórios públicos até falecer prematuramente de cólera, aos 46 anos de idade. *Cortesia de Sputnik*.

Na verdade, Ken e eu namoramos na faculdade por um curto período, em 1988. Embora ele estivesse no último ano e eu, no primeiro, morávamos no mesmo bloco de dormitórios e tínhamos o mesmo círculo de amigos. Como eu tinha apenas dezoito anos e ele estava prestes a se formar, estávamos conscientes de que a relação não duraria muito. Além disso, sempre soubemos que nossa amizade valia muito mais que aquela breve relação. Nossos interesses em comum eram praticamente todos intelectuais, e passávamos a maior parte do tempo conversando sobre livros, música e política. Amávamos Springsteen e Dylan. Ele me apresentou Dire Straits, e eu compartilhei minha obsessão por U2. Eu revisava os trabalhos dele e, certa vez, quando o ajudei a estudar para uma prova, ele me ensinou o básico da teoria macroeconômica. Depois que ele se formou e mudou para Nova York, eu abandonei a faculdade e fui para a Europa. Escrevíamos (cartas) um para o outro até que a invenção do e-mail mudou nossa comunicação, de analógica para digital. Quando voltei à Califórnia para terminar a faculdade, nós nos falávamos por telefone com frequência. Ele se empolgava com tudo que eu aprendia. Acho que sempre suspeitou que eu seguiria algum tipo de carreira acadêmica e, por isso, nunca cogitamos voltar a namorar.

Ken morreu antes de eu concluir meu doutorado, e até hoje sinto falta de seus questionamentos persistentes e sua curiosidade infinita. Durante muitos anos, após 2001, eu me peguei querendo ligar para ele para contar sobre algum artigo que acabara de ler ou falar a respeito de alguma pesquisa que estava fazendo para um dos meus livros. Tenho certeza de que ele teria ficado fascinado com a teoria da economia sexual e trazido inúmeros dados para sustentar essa visão de cortejo heterossexual. Por muito tempo, Ken demonstrou incômodo (e, depois, fascínio) pelo fato de eu não me encaixar na ideia que ele tinha sobre o que as mulheres desejam. Para ele, eu era apenas um ponto fora da curva. Mas, anos depois, ao pesquisar sobre a relação entre independência econômica e sexualidade feminina, eu queria poder dizer a ele que aquela visão dele sobre a mulher era específica do capitalismo. O que ele considerava "natural" era, na verdade, o produto de uma maneira particular de organizar a sociedade.

Para provar meu argumento, eu começaria enviando um estudo de caso soviético que mostrou como a ideia de moralidade sexual defendida por Alexandra Kollontai começou a se disseminar no mundo socialista durante as décadas de 1970 e 1980. Em 1997 e 2005, duas sociólogas russas, Anna Temkina e Elena Zdravomyslova, conduziram entrevistas bastante detalhadas com dois grupos de mulheres russas de classe média. Elas analisaram como diferentes gerações descreviam suas vidas amorosas, durante e após a queda da União Soviética. O estudo revelou cinco narrativas básicas, que as pesquisadoras chamaram de "roteiros sexuais": o natalista, o romântico, o da amizade, o hedonista e o instrumental. Nas entrevistas de 1997, a "geração silenciosa" soviética (nascida entre 1920 e 1945) pendia mais para o roteiro natalista, no qual sexo era algo que era preciso suportar durante o casamento para ter filhos, sem qualquer relação com amor e prazer. E mesmo com a volta da legalização do aborto em 1955, a falta de anticoncepcionais e a dupla jornada de trabalho contribuíram para minar a vida sexual de muitas mulheres. Não há dúvidas: para essa geração, o sexo soviético foi uma merda.[110]

Mas as coisas começaram a mudar com a morte de Stalin. Apesar da falta de privacidade devido ao déficit habitacional, da ausência de políticas públicas de educação sexual e da absoluta escassez de produção erótica (todo material pornográfico havia sido proibido), Temkina e Zdravomyslova descobriram mudanças significativas na narrativa de mulheres urbanas de classe média nascidas entre 1945 e 1965. Embora a visão natalista se perpetuasse, apareceram também ideias de romance e amizade. O surgimento do roteiro romântico foi resultado de mudanças nas narrativas públicas sobre a sexualidade. No final da era soviética, médicos, psicólogos e outros especialistas passaram a apontar o "amor verdadeiro", os "interesses em comum" e a "unidade espiritual" como base de um casamento bem-sucedido. Segundo as pesquisadoras, "o roteiro romântico interpreta a vida sexual como um conglomerado de fortes emoções e sentimentos. O sexo é descrito como um atributo do amor, do romance e da paixão. E o amor é o epicentro da narrativa da experiência sexual". Esse roteiro romântico corresponde exatamente à sociedade vislumbrada por socialistas como August Bebel e Alexandra Kollontai, na qual as questões econômicas exercem menos influência na escolha do parceiro.[111]

---

[110] Mikhail Stern e August Stern, *A vida sexual na União Soviética* (Traduzido por Fernando Quintela. Lisboa: Livros do Brasil, 1980).

[111] Anna Temkina e Elena Zdravomyslova, "The Sexual Scripts and Identity of Middle-Class Russian Women", *Sexuality & Culture* 19 (2015): 297-320, 306.

Outro roteiro que surgiu entre as mulheres de classe média no final do período soviético foi o da amizade. Ao contrário do que chamaríamos de "amizade colorida" – sexo sem compromisso com um parceiro do sexo oposto –, o roteiro da amizade definiria o sexo como algo mais significativo entre duas pessoas que trabalham juntas ou compartilham do mesmo círculo social, uma forma de demonstrar carinho e respeito. O roteiro da amizade surgiu, provavelmente, quando as mulheres passaram a ter acesso a recursos próprios e deixaram de depender dos homens para suprir necessidades materiais. Como algumas mulheres soviéticas urbanas se sentiam seguras financeiramente, a sexualidade perdeu valor de troca e tornou-se algo a ser compartilhado.[112]

Se a teoria da economia sexual estiver correta, poderíamos pressupor que a institucionalização do livre-mercado e o acelerado desmantelamento do Estado de bem-estar social após o colapso da URSS trariam de volta a visão de que a sexualidade feminina é uma mercadoria. E foi exatamente isso que Temkina e Zdravomyslova demonstraram a partir de entrevistas com mulheres da geração pós-soviética, realizadas em 1997 e 2005. Além do "roteiro hedonista", no qual o sexo é apenas físico e focado no prazer individual, geralmente acompanhado de brinquedos eróticos e outros produtos adquiridos na economia capitalista (um roteiro inexistente, por razões óbvias, na era soviética), as autoras observaram o surgimento do que chamaram de "roteiro instrumental", uma narrativa onipresente no livre-mercado. "A comercialização de diferentes esferas da vida social, a polarização e desigualdade de gênero, bem como a falta de recursos, legitimam o roteiro instrumental da sexualidade", escreveram Temkina e Zdravomyslova. "Esse roteiro

---

[112] Temkina e Zdravomyslova, "The Sexual Scripts", 307.

traz a sexualidade feminina (assim como a juventude) como algo lucrativo na transação para a aquisição de bens materiais e outros benefícios. Nele, o casamento representa uma decisão calculada". A mercantilização da sexualidade feminina na Rússia pôde ser observada no aumento substancial da prostituição, da pornografia, dos casamentos estratégicos por dinheiro e do que as autoras chamaram de "patrocínio" – homens ricos que custeiam as amantes. Segundo Temkina e Zdravomyslova, o roteiro instrumental "raramente foi encontrado nas narrativas" de mulheres mais velhas que cresceram na União Soviética.[113]

Também é possível encontrar evidências da predominância do roteiro instrumental após 1991 no livro de 2014 de Peter Pomerantsev sobre o crescimento das escolas que ensinam a "arranjar patrocínio" na Rússia. Ao assistir a uma aula em uma dessas instituições de ensino especiais de Moscou, o jornalista descreve ter visto "grupos de garotas loiras sérias anotando tudo", afinal, "encontrar um *sugar daddy* é uma arte, uma profissão". Na esperança de conseguir um "patrocinador" para pagar as contas, as aspirantes pagam mil dólares por semana para frequentar esses cursos. Para muitas jovens, capacitar-se para encontrar um marido rico vale mais a pena do que investir em uma formação universitária ou carreira. Depois de se formar nessas escolas, segundo Pomerantsev, as garotas ficam à espreita em "uma rede de clubes e restaurantes cuja finalidade é reunir patrocinadores em busca de garotas e vice-versa. Os homens são conhecidos como 'Forbeses' (remetendo à lista dos mais ricos da *Forbes*), e as meninas, como 'tiolki', gado. É um mercado em que a oferta excede a demanda: são dezenas – quer dizer, centenas – de 'vacas' para cada 'Forbes'." Assim, a institucionalização do livre-mercado na Rússia coincidiu com

---

[113] Temkina e Zdravomyslova, "The Sexual Scripts", 308.

o retorno da mercantilização das mulheres, principalmente se compararmos com o passado soviético mais recente.[114]

*

O choque entre a visão socialista de sexualidade livre e a ideia capitalista de sexualidade mercantilizada também pode ser observado em discussões e debates em torno da reunificação das duas Alemanhas, a República Democrática Alemã (RDA) e a República Federal da Alemanha (RFA). Até o fim da Segunda Guerra Mundial, a Alemanha era uma nação unificada, mas, após a derrota dos nazistas, os Aliados, vitoriosos, dividiram a região entre si. Com o início da Guerra Fria, a aliança entre Stalin e as potências ocidentais se desintegrou, e a Alemanha Oriental passou para o lado soviético da Cortina de Ferro, sob o governo do Partido Socialista Unificado da Alemanha (SED).

A divisão da Alemanha acabou sendo um experimento natural interessante sobre os direitos e a sexualidade das mulheres. A população dos dois países era quase idêntica, exceto pela divergência dos sistemas político-econômicos. Durante quatro décadas, as duas Alemanhas percorreram caminhos diferentes, sobretudo no que diz respeito à concepção de masculinidade e feminilidade ideal. Os alemães ocidentais adotaram o capitalismo, os papéis tradicionais de gênero e o modelo de arrimo de família/dona de casa presente no casamento monogâmico burguês. No lado oriental, o objetivo de emancipação feminina, somado à escassez de mão de obra, levou a uma mobilização maciça para a inserção das mulheres na força de trabalho. Como ressaltou a historiadora Dagmar Herzog em seu livro de

---

[114] Peter Pomerantsev, *Nothing Is True and Everything Is Possible: The Surreal Heart of the New Russia* (Nova York: PublicAffairs, 2015).

2005, *Sex After Fascism* [Sexo depois do Fascismo], a Alemanha Oriental promoveu ativamente a igualdade de gênero e a independência econômica das mulheres como ideais particulares do socialismo, buscando demonstrar superioridade moral em relação ao ocidente capitalista democrático. Já na década de 1950, a comunicação do Estado incentivava os homens a participar do trabalho doméstico, dividindo a carga do trabalho de cuidado com suas esposas, que também trabalhavam em período integral.[115]

De acordo com a professora de estudos culturais alemã Ingrid Sharp, com a conquista da independência financeira e a autonomia das mulheres, os homens acabavam incentivados a ter um comportamento mais generoso na cama. Na Alemanha Ocidental, se a namorada ou esposa estivesse descontente com o desempenho sexual do parceiro, não havia muito o que fazer. Como dependia do homem financeiramente, ela poderia, na melhor das hipóteses, tentar convencê-lo a prestar um pouco mais de atenção às suas necessidades. Já no lado oriental, o dinheiro não garantia a permanência das mulheres, e os homens acabavam tendo que se preocupar com o próprio desempenho. Sharp explica: "Na República Democrática Alemã, o divórcio era relativamente simples e sem muitas consequências financeiras e sociais para nenhum dos parceiros. Com isso, o número

---

[115] Dagmar Herzog, *Sex After Fascism: Memory and Morality in Twentieth-Century Germany* (Princeton: Princeton University Press, 2007); Dagmar Herzog, "East Germany's Sexual Evolution", em *Socialist Modern: East German Everyday Culture and Politics*, editado por Katherine Pence e Paul Betts (Ann Arbor: University of Michigan Press, 2008), 72. Ver também Donna Harsch, *Revenge of the Domestic: Women, the Family, and Communism in the German Democratic Republic* (Princeton: Princeton University Press, 2008).

de casamentos e divórcios era bem mais alto que no lado ocidental. O Partido Socialista Unificado da Alemanha dizia que esses números refletiam um desejo maior de se casar por amor – era fácil dissolver relacionamentos fracassados e insatisfatórios, e fácil começar relações promissoras. O fato de as mulheres darem entrada na maioria dos pedidos de divórcio era alardeado como sinal de emancipação. Ao contrário do que acontecia no Ocidente, elas não eram forçadas a permanecer em um casamento infeliz por conta da dependência econômica".[116]

A independência financeira das mulheres e o declínio concomitante dos relacionamentos pautados nas transações econômicas alimentaram a ideia de que os socialistas desfrutavam de uma vida pessoal mais satisfatória. Mas em vez de se concentrarem apenas no amor, como teria feito Kollontai, os pesquisadores da Alemanha Oriental fizeram de tudo para demonstrar que seus compatriotas faziam sexo com mais frequência e mais prazer. Eles argumentavam que o sistema socialista melhorava a vida sexual das pessoas exatamente porque sexo deixava de ser uma mercadoria. Dagma Herzog ressalta: "A principal preocupação do lado oriental era mostrar aos cidadãos que o socialismo fornecia as melhores condições para a felicidade e o amor duradouro. (De fato, muitos autores afirmavam que as relações sexuais na região eram mais pautadas no amor e, portanto, mais honestas que no lado ocidental, porque, no socialismo, as mulheres não precisavam se 'vender' para um casamento para sobreviver)".[117]

Como as pesquisas da Alemanha Oriental se concentraram na satisfação sexual e, principalmente, na satisfação sexual fe-

---

[116] Ingrid Sharp, "The Sexual Unification of Germany", *Journal of the History of Sexuality* 13, no. 3 (julho 2004): 348-365.

[117] Herzog, "East Germany's Sexual Evolution", 73.

minina, foi conduzida uma ampla variedade de estudos empíricos para tentar demonstrar a superioridade do socialismo entre quatro paredes. Tendo em mente os desafios metodológicos discutidos no capítulo anterior, esses estudos trouxeram evidências interessantes de que o sexo no sistema socialista era melhor. Em 1984, por exemplo, Kurt Starke e Walter Friedrich publicaram um livro com os resultados de uma pesquisa sobre amor e sexualidade entre alemães orientais com menos de trinta anos. Os autores descobriram que os jovens da RDA, tanto homens quanto mulheres, estavam bastante satisfeitos sexualmente, sendo que dois terços das jovens disseram atingir o orgasmo "quase sempre" e 18%, "com frequência". Starke e Friedrich alegaram que esses níveis de satisfação sexual eram herança da vida socialista: "da noção de segurança social, da igualdade de responsabilidade educacional e profissional, e da igualdade de direitos e possibilidades de participar e determinar a vida em sociedade".[118]

Pesquisas posteriores vieram a corroborar esses resultados iniciais. Em 1988, Kurt Starke e Ulrich Clement conduziram o primeiro estudo comparativo sobre sexualidade a partir de experiências descritas por mulheres estudantes da Alemanha Oriental e Ocidental. Durante o processo, as jovens do lado oriental disseram gostar mais de sexo e registraram um número maior de orgasmos que as colegas ocidentais. Em 1990, outro estudo comparou a vida sexual de jovens nas duas Alemanhas e revelou que, na RDA, os homens e as mulheres estavam mais sintonizados com as preferências sexuais do parceiro. Na Alemanha Oriental, por exemplo, 73% das mulheres e 74%

---

[118] Kurt Starke e Walter Friedrich, *Liebe und Sexalität bis 30* (Berlim: Deutcher Verlag der Wissenschaften, 1984), 187, 202-203, citado em Herzog, "East Germany's Sexual Evolution", 86.

dos homens gostariam de se casar, em oposição a 71% das mulheres e apenas 57% dos homens na Ocidental, uma diferença de 14 pontos percentuais. Outra pesquisa sobre experiências sexuais revelou mais relatos de prazer entre as mulheres da Alemanha Oriental. À pergunta sobre a última relação sexual ter sido satisfatória, 75% das mulheres e 74% dos homens no lado socialista responderam positivamente, em oposição a 84% dos homens e apenas 46% das mulheres na Alemanha Ocidental. Por fim, os entrevistados foram questionados sobre se sentirem "felizes" após o sexo. Entre as mulheres, 82% na Alemanha Oriental e apenas 52% na Alemanha Ocidental disseram "sim". Invertendo a pergunta, apenas 18% das mulheres da RDA e quase metade das mulheres da RFA disseram não se sentir "felizes" após o sexo.[119]

Em 1990, quando as duas Alemanhas se reunificaram sob a constituição ocidental, as diferentes culturas sexuais entraram em choque, tornando-se tema de muitos debates e mal-entendidos. Ingrid Sharp também estudou a "reunificação sexual da Alemanha" e apontou que, no início, os homens do lado ocidental tinham fetiche pela ideia de "calor" da mulher oriental. "Os dados objetivos levantados", escreveu Sharp (com o perdão

---

[119] Ulrich Clement e Kurt Starke, "Sexualverhalten und Einstellungen zur Sexualität bei Studenten in der DRD und in der DDR", *Zitschrift für Sexualforschung* 1 (1988), citado em Herzog, "East Germany's Sexual Evolution", 87; Werner Habermehl, "Zur Sexualität Jugendlicher in der BRD und DDR", in *Sexualität BDR/DDR im Verhleich*, 20-40, 38; e Kurt Starke e Konrad Weller, "Differences in Sexual Conduct Between East and West German Adolescents Before Unification", artigo apresentado na Conferência Anual da Academia Internacional de Pesquisa Sexual, em Praga, 1992, ambos citados em Sharp, "The Sexual Unification of Germany", 354-355.

do trocadilho), "parecem confirmar uma maior resposta sexual por parte das mulheres do lado oriental. Uma pesquisa sobre práticas sexuais conduzida para a revista *Neue Revue* pelo Gewis-Institut, de Hamburgo, registrou que 80% das mulheres do leste do país sempre atingiam o orgasmo, enquanto que, no lado ocidental, o número caía para 63%... O contexto [do estudo] era a batalha ideológica entre leste e oeste, a guerra fria invadindo o terreno da sexualidade, o potencial nuclear substituído pelo orgástico". De fato, Sharp relata que as constantes reiterações, por parte de sexólogos do lado oriental, de que o maior índice de prazer sexual relatado pelas mulheres da RDA estava diretamente ligado à independência econômica e à autoconfiança ameaçavam o sentimento de superioridade dos alemães ocidentais. A mídia ocidental também atacou a ideia de que poderia haver alguma coisa melhor no leste, instaurando o que Sharp chamou de "Grande Guerra dos Orgasmos".[120]

Essas comparações entre a satisfação sexual das alemãs orientais e ocidentais inspiraram os historiadores Paul Betts e Josie McLellan a explorar mais o tema. No livro *Love in the Time of Communism* [Amor nos tempos do comunismo], publicado em 2011, McLellan trouxe ao público 239 páginas de elucubração sobre o assunto. Os dois autores confirmam a tese de que a independência econômica feminina contribuiu para o surgimento de uma forma singular de sexualidade menos mercantilizada, talvez mais "livre" e "natural", na Alemanha Oriental, sustentando a ideia de que, embora a teoria da economia sexual descreva bem os mercados sexuais, o raciocínio se restringe às sociedades capitalistas. No entanto, como apontado por Betts e McLellan, outros fatores também contribuíam para as diferenças entre as culturas. Primeiro, a igreja desempenhava um papel

---

[120] Sharp, "The Sexual Unification of Germany", 356.

na regulação da moralidade e sexualidade muito mais forte no lado ocidental que no oriental, laico e ateu (embora seja importante notar que o estudo de 1984 de Starke e Friedrich não apontou diferenças entre as respostas de entrevistados ateus e aqueles com filiação religiosa). Contudo, é certo que a cultura ocidental adotou com mais força os papéis tradicionais de gênero disseminados pelas igrejas protestante e católica. Um segundo aspecto diz respeito à natureza autoritária do regime da República Democrática Alemã, que restringiu o acesso à esfera pública, obrigando os cidadãos a se voltarem à esfera privada, onde construíram vidas aconchegantes e sem ideologia, quase como se a casa fosse um refúgio de um Estado onipresente em todos os outros campos. Como terceiro ponto, havia menos opções do que fazer no lado leste em comparação às muitas distrações comerciais do Ocidente e, provavelmente, sobrava mais tempo para fazer sexo. Por último, o regime da Alemanha Oriental incentivava as pessoas a aproveitar a sexualidade como estratégia de distração frente à monotonia e relativa privação da economia socialista e das restrições de deslocamento.[121]

Como o pensamento de Kollontai, a ideia de sexo na Alemanha Oriental continuou bastante conservadora se comparada aos padrões mais modernos. Gays e lésbicas, embora não fossem abertamente perseguidos, mantinham a vida limitada à esfera privada. Por mais que o Estado tentasse convencer os homens a ajudar em casa, as mulheres ainda realizavam a maior parte das tarefas domésticas. Apesar do acesso a métodos anticoncepcionais e ao aborto, a RDA, como todos os demais Esta-

---

[121] Paul Betts, *Within Walls: Private Life in the German Democratic Republic* (Oxford: Oxford University Press, 2013) e Josie McLellan, *Love in the Time of Communism: Intimacy and Sexuality in the* GDR (Nova York: Cambridge University Press, 2011).

dos socialistas, manteve uma perspectiva fortemente natalista. Ter filhos era considerado um dever da mulher, e os socialistas tendiam a ver o sexo como um caminho que levaria ao casamento e à procriação. Mesmo que o Estado fosse a favor do prazer sexual para homens e mulheres, nunca promoveu a promiscuidade nem o sexo "hedonístico". O sexo era visto, necessariamente, como uma demonstração de amor e carinho entre dois camaradas de direitos iguais.

Mesmo com essas ressalvas importantes, muitos alemães orientais acreditavam que a sexualidade antes de 1989 era mais espontânea, natural e alegre que a versão comercial e instrumentalizada com a qual se depararam depois da anexação à Alemanha Ocidental. Em vez de preservar os aspectos positivos e eliminar os negativos dos dois sistemas, a reunificação descartou completamente o modo de vida oriental, incluindo o apoio à independência econômica das mulheres. A introdução do mercado capitalista também trouxe uma reformulação radical. "O mais devastador foi, sem dúvida, a perda da segurança econômica e a nova ideia de que o valor humano passaria a ser mensurado pelo dinheiro", escreve Herzog. "Os cidadãos da Alemanha Oriental eram acometidos pela ansiedade da perda do emprego e da segurança social, do aumento dos aluguéis e do futuro incerto... Ao longo de toda a década de 1990, os alemães orientais (tanto héteros quanto homossexuais) reiteraram a convicção de que o sexo no leste era mais genuíno e amoroso, mais sensual e prazeroso, e menos pautado no individualismo".[122]

*

---

[122] Herzog, "East Germany's Sexual Evolution", 90.

Um outro estudo, feito na Hungria, nos ajuda a entender como o socialismo de Estado moldou a moralidade sexual. Ao se aprofundar na intimidade da população do país antes de 1989, a socióloga húngara Judit Takács sugere que a vida sexual de seus compatriotas conseguiu florescer, mesmo em circunstâncias repressivas. Analisando em retrospecto, Takács afirmou, em 2014, que, mesmo com a falta de privacidade por conta do déficit habitacional e da vigilância constante nos espaços públicos, os húngaros "pareciam conseguir conciliar as restrições impostas pelo socialismo de Estado e o desejo de manter relações prazerosas com parceiros de outro e/ou do mesmo gênero". Em outras palavras, havia, na Hungria, uma grande desconexão entre a vida pública e privada, assim como na Alemanha Oriental e na União Soviética, mas a independência econômica das mulheres contribuiu para o surgimento de uma cultura em que o sexo era algo a ser compartilhado, não vendido.

Além disso, embora os húngaros nunca tenham conseguido redefinir os papéis tradicionais de gênero, e apesar de o patriarcado doméstico ter se fortalecido com políticas natalistas, os jovens do país parecem ter a mesma aversão dos alemães orientais à comercialização da sexualidade. Existe um estudo sociológico realizado no início da década de 1970 em que os pesquisadores analisaram a sexualidade de 250 estudantes e trabalhadores de dezoito a vinte e quatro anos. Foi pedido aos participantes que lessem oito histórias sobre práticas sexuais consideradas comuns no país e listassem os protagonistas em ordem de preferência. As histórias eram sobre (1) uma jovem virgem que queria esperar até o casamento para ter relações sexuais, (2) uma mulher "semivirgem" que fica só nas preliminares, mas não chega à penetração de fato, (3) uma mãe solo que foi abandonada pelo parceiro ao engravidar, (4) uma prostituta que encontra homens em bares e faz sexo por dinheiro, (5) um homem solteiro "mulherengo" que faz sexo com o maior número de mulheres possível, (6) um homem gay que tem relações discretas, (7) um homem que satisfaz as próprias necessidades sexuais com muita masturbação e (8) um jovem casal que se apaixona e resolve fazer sexo antes do casamento.

Para a grande maioria dos estudantes pesquisados, o casal apaixonado ficou na primeira posição (embora as mulheres trabalhadoras tenham demonstrado um pouco mais de simpatia pela mãe solo). Na opinião da maioria dos entrevistados, a prostituta ficou em último lugar, sendo a mais abominada tanto entre estudantes quanto entre as mulheres trabalhadoras. Somente os homens trabalhadores consideraram o homem gay mais desprezível. O "mulherengo", a "semi-virgem" (provocadora) e o "masturbador" compulsivo também ficaram no final da lista, e a virgem em algum lugar no meio da classificação. As justificativas para a total desaprovação da prostituta são fascinantes, principalmente quando pensamos na teoria da economia sexual. Os entrevistados disseram que a prostituta não tinha motivos legítimos para vender seu afeto, visto que o Estado socialista atendia às suas necessidades básicas. Também expressaram a preocupação de que o "sexo sem envolvimento emocional" prejudicaria o desenvolvimento dela enquanto pessoa. Interessante perceber que os estudantes de ambos os gêneros simpatizaram mais com o personagem gay, e as mulheres estudantes classificaram o "mulherengo" abaixo dele, dando mostras de que, no início da década de 1970, a rejeição à promiscuidade (masculina e feminina) era maior que a homofobia. A sexualidade socialista na Hungria (pelo menos neste grupo de homens e mulheres de dezoito a vinte e quatro anos) idealizava o relacionamento baseado no amor, como Kollontai havia sugerido que aconteceria quando os incentivos do mercado à "venda de carinhos" fossem superados.

Essa visão dos estudantes em relação a casamento, prostituição e maternidade solo acabou sendo confirmada pelos dados mais amplos coletados na primeira onda da Pesquisa Mundial de Valores (World Values Survey – wvs), conduzida entre 1981 e 1984. Diante da pergunta sobre se o casamento seria uma "instituição ultrapassada", 16% dos húngaros concordaram, contra apenas 8% dos estadunidenses. O mesmo levantamento perguntou aos entrevistados, na Hungria e nos EUA: "Se uma mulher quiser ter um filho, mas não desejar manter um relacionamento estável com um homem, você aprovaria ou desaprovaria?". Apenas 8% dos húngaros disseram "desaprovar", em comparação a 56% dos estadunidenses, demonstrando uma atitude muito mais liberal em relação à figura da mãe solo e à independência das mulheres no país socialista de Estado. Além disso, 63% dos norte-americanos e 80% dos húngaros disseram que a prostituição "nunca é justificável". A diferença entre os resultados é ainda maior quando os entrevistados são separados por gênero: apenas 55% dos homens dos Estados Unidos e 76% dos homens na Hungria responderam que a prostituição "nunca é justificável". A aversão dos húngaros à prostituição pode vir do fato de terem sido criados em uma sociedade que fez de tudo para desconstruir a ligação entre sexo e relacionamentos com transações econômicas.[123]

*

---

[123] Todos os números são da primeira onda da Pesquisa Mundial de Valores (1981-1984), utilizando a página "Online Data Analysis": www.worldvaluessurvey.org/WVSOnline.jsp.

Analisando a Polônia católica, mais ao norte da região, podemos observar melhor o papel da religião na formação dos comportamentos sexuais. Com a manutenção da influência da igreja, os poloneses pouco fizeram para desafiar os papéis tradicionais de gênero e, de fato, os sexólogos da era socialista tendiam a reforçar, em vez de suprimir, os ideais pré-socialistas de masculinidade e feminilidade (ao contrário da Alemanha Oriental). No entanto, as mulheres foram totalmente incorporadas à força de trabalho, e a organização de mulheres do Estado conseguiu manter a legalidade do aborto acessível após 1956[124] e a educação sexual nas escolas depois de 1969 (embora já circulassem publicações relevantes anteriormente). Apesar dessa relativa independência, as responsabilidades domésticas levaram as mulheres a cumprir uma dupla jornada de trabalho, motivo de pouca preocupação aos homens e ao Partido Comunista, que quase nada fizeram para amenizar o peso dessa carga. Ao contrário do que aconteceu em outros países socialistas de

---

[124] N. da E.: até 1932, o aborto era proibido na Polônia sem nenhuma exceção. Neste mesmo ano, o novo Código Penal legalizou o aborto por motivos médicos e, pela primeira vez na Europa, quando a gravidez resultou de um ato de estupro ou incesto. Em 1956, o aborto foi legalizado nos casos em que a mulher vivia "difíceis condições de vida". A interpretação da mudança na lei variou de uma interpretação restritiva, no final da década de 1950, a uma em que o aborto era permitido mediante solicitação, nas décadas de 1960 e 1970. Não era incomum que mulheres de países onde o aborto era proibido viajassem para a Polônia para realizar abortos acessíveis e baratos lá. Os requisitos processuais necessários para obter um aborto legal foram alterados várias vezes ao longo dos anos, e em 2021 o aborto voltou a ser proibido, com exceçãode gravidez em casos de estupro, incesto e quando a vida da mãe está em risco.

Estado, as mulheres ganhavam muito menos e, por conta dos deveres familiares, tinham menos oportunidades de ascensão na carreira, o que contribuía para uma maior dependência. "No entanto", escreve a antropóloga polonesa Agnieszka Kościańska, "com acesso ao trabalho remunerado, renda própria, redes de assistência e vida social construída pela atividade profissional, as mulheres ganharam mais independência e poder diante dos homens, modelo de relações de gênero que muitas famílias tiveram dificuldade de aceitar".[125]

Com os novos questionamentos a respeito do ideal tradicional polonês de relação heterossexual, o Estado socialista investiu na pesquisa científica sobre intimidade. Os acadêmicos voltados para o campo da sexualidade recorrem muito ao trabalho do filósofo francês Michel Foucault e aos seus estudos sobre como o conhecimento médico e científico influencia nossa experiência subjetiva individual de saúde e doença. Quando pensamos em sexo, por exemplo, somos fortemente influenciados por valores religiosos e normas sociais, mas nossa visão de uma sexualidade saudável ou "satisfatória" também é moldada pelo que os médicos e psicólogos consideram "normal" e "anormal". Assim, a sexualidade de um jovem gay que cresce em uma cultura onde os médicos consideram a homossexualidade uma

---

[125] Agnieszka Kościańska, "Sex on Equal Terms? Polish Sexology on Women's Emancipation and 'Good Sex' from the 1970s to the Present", *Sexualities* 19, nos. 1-2 (2016): 236-256. A respeito do comitê polonês de mulheres, ver Jean Robinson, "Women, the State, and the Need for Civil Society: The Liga Kobiet in Poland", em *Comparative State Feminism,* editado por Dorothy McBride Stetson e Amy G. Mazur (Thousand Oaks: Sage, 1995), 203-220 e Malgorzata Fidelis, *Women, Communism, and Industrialization in Postwar Poland* (Nova York: Cambridge University Press, 2014).

doença será bem diferente daquela de outro que cresce em um ambiente cujos médicos veem a homossexualidade como algo normal e saudável. Da mesma forma, a opinião de médicos e psicólogos sobre o que constitui o sexo saudável para homens e mulheres influencia a maneira como julgamos nossa própria vida sexual. Quando especialistas dizem que a falta de prazer feminino na relação heterossexual não é "normal", as mulheres, respaldadas pelas autoridades médicas, tendem a defender mais as próprias necessidades.

Para se aprofundar na questão, Kościańska pesquisou o que os sexólogos poloneses falavam sobre o assunto durante e depois do período socialista de Estado. Ao fazer isso, descobriu que as décadas de 1970 e 1980 foram uma espécie de "era dourada" no que diz respeito à compreensão da sexualidade humana. A visão polonesa contrastava com os modelos tradicionais estadunidenses, baseados na fisiologia e na tese de que o "sexo bom" passaria por um ciclo universal de quatro etapas. Com os experimentos laboratoriais de William Masters e Virginia Johnson nos Estados Unidos, essa visão biológica acabou levando à medicalização e farmacologização do tratamento para disfunções sexuais. A indústria farmacêutica buscou (e continua buscando) soluções comerciais, de preferência em formato de comprimidos patenteáveis, limitando o escopo da pesquisa sexológica ao desenvolvimento de tratamentos com potencial lucrativo.[126]

Já na Polônia socialista, aconteceu o contrário, e a sexologia se tornou "uma disciplina holística, que incorporou vários ramos da medicina, das ciências sociais e de outras humanidades, adotando recursos da psicologia, da sociologia, da antropologia,

---

[126] Agnieszka Kościańska, "Beyond Viagra: Sex Therapy in Poland", *Czech Sociological Review* 20, no. 6 (2014): 919-938, 919.

da filosofia, da história e dos estudos religiosos. Até a teologia oferecia substrato para a educação e a terapia sexual. A sexualidade era vista como multidimensional e intrínseca aos relacionamentos, à cultura, à economia e à sociedade como um todo". Ao contrário da maioria dos colegas ocidentais, os terapeutas sexuais poloneses da era socialista exploravam o desejo individual por amor, intimidade e sentido, e ouviam atentamente os anseios e frustrações de seus pacientes. Em contraste com o sistema corporativo do Ocidente, as pesquisas e os pesquisadores eram financiados pelo Estado socialista, o que teve impacto positivo na compreensão da sexualidade feminina. Segundo Kościańska, os sexólogos poloneses "não limitaram o sexo a experiências corporais e enfatizaram a importância dos contextos sociais e culturais para a obtenção do prazer. Nem a melhor estimulação, segundo argumentavam, traria prazer à mulher se ela estivesse estressada, sobrecarregada de trabalho ou preocupada com o futuro e a estabilidade financeira". Adotando uma linha semelhante à dos alemães orientais, acreditavam que o sexo socialista deveria ser melhor por ser menos mercantilizado que no Ocidente capitalista e pela segurança econômica maior de que desfrutavam as mulheres. E como os homens não pagavam por sexo, talvez se importassem mais com o prazer da parceira.[127]

Após o colapso do socialismo de Estado, a Polônia testemunhou o rápido renascimento dos papéis tradicionais de gênero, a revogação de liberdades reprodutivas já garantidas e a supressão

---

[127] Agnieszka Kościańska, comunicação pessoal por e-mail com a autora, ago. 2017; Agnieszka Kościańska, "Feminist and Queer Sex Therapy: The Ethnography of Expert Knowledge in Poland", em *Rethinking Ethnography in Central Europe*, editado por Hana Cervinkova, Michal Buchowski e Zdenek Uherek (Nova York: Palgrave MacMillan, 2015).

de muitas conquistas em relação aos direitos das mulheres. A ascensão do nacionalismo também fez crescer a homofobia, a xenofobia e o antissemitismo. Mas, curiosamente, o legado da visão mais holística da sexualidade, desenvolvida nas décadas de 1970 e 1980, se manteve. Embora o campo da sexologia tenha sido obrigado a enfrentar as pressões de mercado antes predominantes apenas no Ocidente, há pesquisas que indicam que as polonesas ainda relatam níveis mais altos de satisfação sexual do que as mulheres nos Estados Unidos. Kościańska cita um estudo realizado em 2012 que apontou que três quartos das polonesas não apresentavam "disfunção sexual", e compara os dados com outro estudo, realizado em 1999, segundo o qual apenas 55% das mulheres estadunidenses podiam dizer o mesmo.[128]

Mais uma vez, não podemos generalizar ao falar das experiências socialistas estatais da Europa Oriental antes de 1989. Mesmo que todas tenham partido de uma base teórica semelhante, inspiradas nos trabalhos de Bebel, Engels e Kollontai, cada uma abordou a questão da mulher de uma forma. Na minha opinião, o pior lugar para ter sido mulher no socialismo de Estado foi na Romênia, visto que o sistema pouco fez para desafiar a cultura despótica patriarcal. Do mesmo modo, o ambiente para as relações íntimas na Albânia também parecia bastante inóspito. A Bulgária era mais puritana que a Alemanha Oriental, mas, pelo menos, havia uma coluna sobre sexualidade na revista feminina financiada pelo Estado. Em 1979, o governo também facilitou a publicação e a distribuição de um dos manuais sobre sexo mais populares da Alemanha Oriental, *O homem e a mulher na intimidade* [Mann und Frau intim], de Siegfried Schnabl. Apesar da linguagem medicalizada e do fato

---

[128] Agnieszka Kościańska, "Beyond Viagra: Sex Therapy in Poland", *Czech Sociological Review* 20, no. 6 (2014): 919-938.

de Schnabl não ser tão esclarecido no que diz respeito à homossexualidade e à masturbação, a edição búlgara a que tive acesso apresenta, já no início, estatísticas sobre a experiência do orgasmo feminino na RDA e diagramas anatômicos com a localização do clitóris e sua aparência nos diferentes estágios de excitação. Segundo o romancista búlgaro Georgi Gospodinov, o livro foi um grande sucesso e poucas casas búlgaras não tinham um exemplar escondido na parte mais alta da estante. Comparadas às vizinhas romenas, ao norte, as búlgaras tinham mais acesso a métodos contraceptivos e não havia tanto tabu em torno da sexualidade. Em resposta ao meu artigo sobre sexo e socialismo no *The New York Times*, por exemplo, uma jovem búlgara postou no Facebook: "Eu nasci no socialismo. Cresci achando a sexualidade a coisa mais normal do mundo: minha família falava abertamente sobre o assunto, havia livros de educação sexual em casa, frequentávamos praias de nudismo... A segunda coisa que a minha mãe ainda me pergunta quando ligo para ela (depois de 'Como você está?') é se estou transando bastante... Não estou dizendo que o socialismo era ótimo, mas foi interessante ler esse artigo tendo passado por isso!".[129]

*

---

[129] Ver, por exemplo, Maria Bucur, "Sex in the Time of Communism", 2012, www.publicseminar.org/2017/12/sex-in-the-time-of-communism e Gail Kligman, *The Politics of Duplicity: Controlling Reproduction in Ceausescu's Romania* (Berkeley: University of California Press, 1998); Georgi Gospodinov, "Секс по време на социализъм: хигиена, медицина и физкултура" em Любовта при социализма, editado por Daniela Koleva (Sofia: RIBA, 2015). As citações foram retiradas de um postagem pública no Facebook, 12/10/2017.

Outro caso interessante, explorado em profundidade pela socióloga tcheca Kateřina Lišková, é o da Tchecoslováquia. Embora os tchecos e eslovacos tenham um longo histórico de interesse em sexologia desde a década de 1920, o socialismo de Estado propiciou uma confluência singular entre a ideologia socialista e o discurso médico científico. No início dos anos 1950, os sexólogos da Tchecoslováquia deram destaque ao prazer feminino e argumentaram que o "sexo de qualidade" só seria possível quando homens e mulheres fossem considerados iguais em termos sociais. Eles eram a favor do acesso ao aborto e a métodos anticoncepcionais, da plena incorporação da mulher na força de trabalho e de medidas para aliviar os encargos domésticos e incentivar a participação mais igualitária dos homens nos afazeres da casa. Como em outras sociedades socialistas de Estado, todos os cidadãos tinham garantia de emprego, opções de lazer, saúde universal e aposentadoria assegurada para idosos, o que reduzia a dependência econômica das mulheres em relação aos homens. Mais uma vez, a dissociação de amor, sexo e romance das relações econômicas é considerada uma característica única do socialismo de Estado.

Os sexólogos da Tchecoslováquia começaram a pesquisar o orgasmo feminino já em 1952 e, em 1961, organizaram uma conferência só para falar dos obstáculos ao prazer sexual da mulher. Segundo a opinião dos especialistas, a mulher não poderia desfrutar plenamente o sexo se viver na dependência financeira do homem. "Sob o ponto de vista das mulheres, a sociedade capitalista está condenada", escreve Lišková citando os pesquisadores da Tchecoslováquia. "Embora fossem homens, os autores enxergavam e criticavam o capitalismo a partir da posição desfavorecida e marginalizada das mulheres. Esses sexólogos associavam a discriminação pública e privada à dependência econômica. Nas sociedades marcadas pela desigualdade econômica, as pessoas, em especial as mulheres, não tinham condições de escolher companheiros espirituais, viviam em casamentos infelizes e sofriam com dois padrões de exigência distintos em relação à sexualidade... A ordem capitalista se equipara à subjugação das mulheres e ao patriarcado, e os arranjos socialistas foram uma espécie de antídoto contra a exploração capitalista da mulher como propriedade". Embora a ênfase inicial na igualdade de gênero tenha sido revertida em 1968, depois que os tanques soviéticos reprimiram a Primavera de Praga, e os tchecos tenham se refugiado na esfera privada durante o período de "normalização", ainda se manteve uma herança liberal do pós-guerra.[130]

As experiências de alguns dos países socialistas estatais da Europa Oriental sugerem que havia algo diferente nas relações sexuais no socialismo e que ao menos um dos fatores importantes para isso foram os suportes sociais que promoveram a independência econômica das mulheres. Embora essas políticas não tenham se concretizado de forma plena e tenham sido implementadas, em parte, para atingir os objetivos desenvolvimentistas da economia socialista, as mulheres tornaram-se, de fato, menos dependentes dos homens e, portanto, mais capazes de abandonar relacionamentos insatisfatórios. Além disso, em diferentes graus, os Estados socialistas promoveram a ideia de que a sexualidade deveria estar dissociada das trocas econômicas. No caso da Alemanha Oriental e da Tchecoslováquia, especificamente, políticos e médicos faziam uma defesa aberta de que, por causa disso, os relacionamentos eram mais

---

[130] Kateřina Lišková, "Sex Under Socialism: From Emancipation of Women to Normalized Families in Czechoslovakia", *Sexualities* 19, no. 2 (2016): 211-235.

"autênticos" e "honestos" do que no Ocidente. Em países como Polônia e Bulgária, especialistas defendiam que o prazer sexual da mulher era importante para a saúde do relacionamento e ainda divulgavam materiais (livros, panfletos, artigos, etc.) para educar os homens a respeito de conceitos básicos da anatomia feminina. (Compare isso aos EUA, onde, até hoje, muitos jovens não recebem educação sexual adequada sobre como evitar a gravidez, muito menos sobre os meandros do prazer feminino).

A ideia de que relacionamentos mais igualitários levariam a relações sexuais mais prazerosas continua intrigando pesquisadores de todo o mundo. Nos EUA, por exemplo, um estudo com dados coletados entre o final da década de 1980 e início da década de 1990 sugeriu que homens e mulheres que dividiam as tarefas domésticas faziam sexo com menos frequência que aqueles que continuavam adotando uma divisão baseada nos papéis tradicionais de gênero. Isso se daria porque o comportamento e desempenho específico atribuído a cada parceiro contribuiria, aparentemente, para a atração sexual. Porém, um estudo subsequente, "Divisão sexual do trabalho doméstico e relações sexuais: uma revisão" [The Gendered Division of Housework and Couples' Sexual Relationships: A Reexamination], comparou os dados originais com novos, coletados em 2006 entre famílias estadunidenses de baixa a média renda com pelo menos um filho, e revelou que, quando a divisão dos cuidados infantis é mais equilibrada, a frequência sexual do casal aumenta. Os pesquisadores argumentaram que os papéis de gênero nos Estados Unidos vinham mudando com o passar dos anos e cada vez mais a classe trabalhadora e a classe média começava a aceitar a ideia que os homens deveriam participar nas tarefas domésticas. A percepção do que é justo na divisão dessas tarefas tornou-se uma questão definitiva para a intimidade dos casais. O estudo ainda argumentou que "o valor do sexo não está apenas atrelado aos papéis de gênero desempenhados, mas à demonstração de amor e afeto. Dessa forma, o sexo é mais frequente e prazeroso quando os casais estão satisfeitos com o elacionamento".[131]

Outro estudo longitudinal com 1.338 casais heterossexuais alemães que estavam juntos, em média, há dez anos (sendo 69% casados) corroborou a percepção de que uma divisão justa das tarefas domésticas leva a relacionamentos com menos ressentimentos. Esse estudo foi realizado com o objetivo de investigar a correlação entre "as contribuições masculinas no trabalho doméstico e o comportamento sexual dos casais" durante um período de cinco anos. Segundo os pesquisadores, "os resultados são claros: à medida que o homem contribui de maneira mais justa com o trabalho doméstico, o sexo entre o casal passa a ser mais frequente e satisfatório". E como, aparentemente, os homens do leste da Alemanha ainda dividem mais as tarefas em casa do que os alemães do oeste do país, parece que o legado do socialismo estatal continua a influenciar a vida íntima entre quatro paredes.[132]

---

[131] Estudo original com os dados apenas do período entre 1992 e 1994: S. Kornrich, J. Brines e K. Leupp, "Egalitarianism, Housework, and Sexual Frequency in Marriage", *American Sociological Review* 78 (2013): 26-50. Estudo subsequente com dados do período de 1992 a 1994 e de 2006: Daniel Carlson, Amanda Miller, Sharon Sassler e Sarah Hanson, "The Gendered Division of Housework and Couples' Sexual Relationships: A Re-Examination", *Journal of Marriage and Family* 78, no. 4 (2016): 975-995.

[132] Estudo longitudinal sobre casais alemães: M. D. Johnson, N. L. Galambos e J. R. Anderson, "Skip the Dishes? Not So Fast! Sex and Housework Revisited", *Journal of Family Psychology* 30, no. 2 (2016):

Qualquer que seja a divisão ideal do trabalho doméstico, a grande questão da sexualidade no mundo contemporâneo é que a maioria dos relacionamentos humanos se dá dentro de um contexto social impregnado de raciocínio economicista e saturado de estresse. Não deveria ser necessário viver em um regime autoritário para que nossos relacionamentos fossem pautados mais no afeto mútuo do que em trocas materiais. O mercado da sexualidade atual está cheio de jovens, homens e mulheres, financeiramente inseguros e temerosos do futuro. Uma ex-aluna me disse que muitos de seus amigos e colegas na casa dos 20 anos tomam antidepressivos para lidar com as pressões cotidianas. Essas drogas controlam a ansiedade, mas, muitas vezes, diminuem a libido, transformando os jovens em autômatos *workaholics*, com pouco tempo e interesse em ter relacionamentos amorosos. O teórico cultural Mark Fisher argumenta que a deterioração da saúde mental no Ocidente pode ser atribuída à precarização do sistema capitalista. Assim como as mudanças climáticas e a degradação ambiental, o aumento vertiginoso de casos de depressão e ansiedade representa externalidades negativas de um sistema que reduz o valor humano ao valor de troca.[133]

Gostemos ou não, o capitalismo mercantiliza quase todos os aspectos da vida privada, como previa a teoria da economia sexual. Os relacionamentos pessoais demandam tempo e energia, e a maioria de nós gasta tudo que tem para sobreviver dentro de uma economia precária baseada no trabalho autônomo. Estamos sempre exaustos, sem vontade de investir recursos emo-

---

203-213.

[133] Mark Fisher, *Realismo Capitalista: é mais fácil imaginar o fim do mundo do que o fim do capitalismo?* (São Paulo: Autonomia Literária, 2020).

cionais em relacionamentos amorosos sem receber nada em troca. Fico perplexa com a quantidade de jovens com formação superior que buscam parceiros ricos e mais velhos – homens e mulheres – em sites de relacionamentos como o Seeking ou trabalham como acompanhantes de luxo para conseguir pagar as contas. Todo relacionamento exige trabalho emocional, e os jovens estão entendendo que esse tipo de trabalho pode, então, ser remunerado.[134]

Muitos vão argumentar que não há nada moralmente errado no trabalho sexual, que deve ser legalizado, protegido, sindicalizado e garantir remuneração justa àqueles e àquelas que escolhem atuar nesse setor da economia. O trabalho sexual já existia muito antes do capitalismo, permaneceu de diferentes formas e graus no socialismo de Estado e vai, sem dúvida, continuar existindo de alguma forma no futuro. Mas muito desse trabalho mais explícito, bem como das formas mais sutis de mercantilização da sexualidade, é resultado de um sistema econômico que oferece pouca segurança material às mulheres e encoraja as pessoas a transformarem tudo o que têm (trabalho, emoções, fluidos corporais, óvulos, etc.) em produtos a serem vendidos em um mercado onde o preço é determinado pelos caprichos da oferta e da procura. Esse tipo de transação amorosa não traz nenhuma forma de empoderamento sexual às mulheres e trata-se apenas de uma tentativa desesperada de sobreviver em um mundo com poucas redes de proteção social.

*

---

[134] Sobre trabalho emocional, ver Arlie Russell Hochschild, *The Managed Heart: Commercialization of Human Feeling* (Berkeley: University of California Press, 2012).

Se considerarmos a teoria da economia sexual como um modelo de compreensão da sexualidade na economia capitalista e, no outro extremo, o modelo socialista de Estado, é possível avançar em direção a uma reflexão que combine os aspectos positivos de ambos e exclua, obviamente, os negativos. Com a implantação de políticas de cunho socialista para aumentar as oportunidades profissionais e o número de mulheres em posição de liderança (por meio de garantia de emprego ou algum sistema de cotas), bem como de programas públicos de licença parental e creche subsidiada, as mulheres se sentem menos coagidas a vender a sexualidade para satisfazer necessidades básicas. Um sistema de saúde universal já ajudaria muito a reduzir a dependência econômica das mulheres, e a implementação de algo do tipo está *bem longe* de representar alguma forma de autoritarismo, por mais que os gurus de direita queiram nos fazer acreditar no contrário. Os críticos ao sistema de saúde estadunidense costumam apontar que os trabalhadores ficam presos a empregos que odeiam porque os custos dos planos individuais, desvinculados do empregador, são proibitivos. Mas é raro mencionarem que as mulheres também ficam presas ao casamento porque o seguro de saúde delas está vinculado ao emprego do marido. Em caso de divórcio, uma mulher perde acesso ao plano do ex-marido e precisa dar um jeito de se virar sozinha.[135]

Os estadunidenses adoram falar de liberdade e escolha, mas alguns aspectos fundamentais de nosso sistema econômico tiram das pessoas comuns o direito de deixar um emprego ou um relacionamento insatisfatório porque, ao fazer isso, elas podem perder o acesso a atendimento básico de saúde. "Essa

---

[135] Elizabeth O'Brien, "People Are Stalling Their Divorce So They Don't Lose Health Care", *Time*, 24/7/2017, time.com/money/4871186/people-are-stalling-their-divorce-so-they-dont-lose-health-care.

deformação dos indivíduos, eu a considero o pior dos males do capitalismo", escreveu Albert Einstein no ensaio "Por que socialismo?" [Why Socialism?], de 1949. Nos últimos anos de sua vida, Einstein morou em Princeton, no estado de Nova Jersey, e acreditava que "a anarquia econômica da sociedade capitalista" minava as liberdades humanas essenciais, que poderiam ser restauradas se os Estados Unidos adotassem certos aspectos do socialismo. E há muitas opções de políticas disponíveis que visam aumentar as liberdades individuais, algumas delas já implementadas nas sociais-democracias europeias.[136]

Isso me faz pensar em Ken e sua ex-esposa. Por ser um amigo querido, fiquei do lado dele no divórcio e compartilhei da indignação pela maneira fria e calculista com que a ex lidou com todo o processo. Mas, em muitos aspectos, ela também foi vítima. Ken era famoso por ser galanteador e usar o dinheiro para atrair mulheres. As regras do jogo sempre foram claras: as mulheres concediam acesso à sexualidade delas, e ele pagava as contas. Quando conheceu a mulher com quem se casou, ambos sabiam o que esperar. Porém, em algum momento, Ken se apaixonou e queria que ela lhe retribuísse o amor. Os dois confundiram dinheiro com atração e troca transacional de afeto com paixão. O poder econômico de Ken deveria satisfazê-la na cama, mas Ken mudou de ideia e tentou reescrever as regras. Percebeu que o acordo já não era mais suficiente e precisava de uma conexão emocional de verdade. Ele queria que ela o desejasse pelo ser humano que era, não pelo que podia comprar. Tinha que se certificar de que ela continuaria a amá-lo mesmo que ele perdesse tudo. Teria sido honesto da parte da esposa se, ao perceber a situação, ela tivesse contado a verdade e encerra-

---

[136] Albert Einstein, "Por que socialismo?", https://www.marxists.org/portugues/einstein/1949/05/socialismo.htm.

do o relacionamento. Mas como era pobre e com pouca formação educacional, o pedido de casamento ofereceu um bilhete dourado para conseguir um visto e uma vida nova nos Estados Unidos. Por isso ela foi levando. Das alternativas disponíveis, fingir que amava um homem rico era uma excelente opção.

Teria sido culpa dela se apaixonar por outro homem, que não tinha o dinheiro de Ken, mas por quem ela sentia uma atração genuína? Assim que a autorização de residência saiu, ela não conseguiu mais fingir e foi viver com o "verdadeiro amor". O pobre Ken ficou com o coração partido e se sentiu enganado, mas, se tivesse parado um minuto para pensar nas relações de poder entre os dois, teria visto que a dependência econômica da esposa alimentava seus subterfúgios. Nos últimos anos de sua breve vida, Ken percebeu que, se quisesse um relacionamento com alguém que o amasse pelo que era (não pelo que podia comprar), precisaria fazer como aquele colega: encontrar uma mulher que pudesse satisfazer as próprias necessidades básicas. Pode parecer brega aos nossos ouvidos do século XXI, mas Bebel e Kollontai estavam certos. A relação íntima que desfruta de relativa liberdade do etos transacional descrito pela teoria da economia sexual é, em geral, mais honesta, autêntica e, na verdade, simplesmente melhor.

6

das barricadas às urnas: cidadania

Rosa Luxemburgo (1871-1919): uma das pensadoras mais importantes do marxismo europeu. Filósofa, economista e pacifista, fez doutorado na Universidade de Zurique em 1897. Oradora incrível e escritora apaixonada, era considerada ilustrada entre os líderes socialistas alemães de sua época. Depois da eclosão da Primeira Guerra Mundial, rompeu com os companheiros do Partido Social-Democrata da Alemanha e ajudou a fundar a Liga Spartacus, que acabou, mais tarde, tornando-se o Partido Comunista da Alemanha. Em 1919, foi assassinada junto do companheiro de luta Karl Liebknecht. *Cortesia da Fundação Rosa Luxemburgo.*

Em 2006, comprei um mapa que todos deveriam ter. Produzida pela Oxford Cartographers, a "Linha do tempo da história mundial: ascensão e queda das nações" [World History Timeline: The Rise and Fall of Nations] traz uma representação das diferentes civilizações e Estados desde 3000 a.C. até 2000 d.C., codificada por cores. O eixo horizontal do mapa apresenta uma linha do tempo de cinco mil anos de história humana, e o eixo vertical, seis formações geográficas com tamanhos diversos, correspondendo à quantidade de história escrita que se tem sobre cada uma: América, África Subsaariana, Europa, África do Norte e Oriente Médio, Ásia e Australásia. O que eu mais gosto nesse mapa e o que o torna uma ferramenta de ensino tão útil é que, ao mostrar a temporariedade dos impérios, ele apresenta um infográfico da possibilidade de transformação social.

Ensino jovens há quase vinte anos e fico impressionada como os *millenials* acreditam que o mundo é fixo e estático, e como essa visão pode facilmente levá-los ao desespero político. Por ter crescido nas últimas décadas da Guerra Fria, ter 19 anos quando derrubaram o Muro de Berlim e 21 quando a União Soviética implodiu, passei meus vinte e trinta anos com a clara noção de que grandes mudanças políticas não são apenas possíveis, mas imprevisíveis. No verão de 1989, inclusive, decidi abandonar a faculdade para conhecer o mundo antes de tudo ir pelos ares em uma guerra nuclear. No final dos anos 1980, a ameaça de destruição mútua era tão real que tentar viver uma vida ordinária não fazia o menor sentido. Eu, certamente, não queria estar presa numa sala de aula fazendo prova de química quando as bombas começassem a cair. No final de setembro de 1989, comprei uma passagem só de ida para a Espanha e deixei os EUA. Menos de dois meses depois, a Guerra Fria acabou. Assim, sem mais nem menos.

No verão de 1990, ao viajar de mochilão pela Europa Oriental, lembro-me da euforia e da sensação de se abrirem novas possibilidades infinitas. Os jovens ficaram especialmente felizes diante de um futuro livre e próspero e de oportunidades antes negadas aos seus pais e avós. Naqueles meses inebriantes, muitas pessoas ainda acreditavam que as ruas de Nova York e Londres eram pavimentadas com pepitas de ouro, e que a democracia e o capitalismo fariam emergir um novo paraíso do consumo cheio de jeans da Levi's e perfumes Cacharel. Mais tarde, quando comecei minha pesquisa pela região, ouvi inúmeras histórias de suicídios e atos desesperados de automutilação cometidos nos dias que antecederam a queda do muro, em 9 de novembro de 1989. Ao fazer um balanço de suas vidas, esses homens e mulheres pensaram que o mundo jamais mudaria. Embora os protestos estivessem crescendo por toda a Europa Oriental, poucos esperavam uma transformação tão grande. Como poderiam saber que, em poucos dias, a vida estaria tão diferente? Eles poderiam ter vivido o resto de seus dias em circunstâncias radicalmente opostas àquelas nas quais se sentiam tão presos se tivessem aguentado mais 48 horas. Se, ao menos, acreditassem que o presente não é infinito.

As pessoas nascidas após 1989 se depararam com um mundo onde o capitalismo triunfou. Foi o único sistema político-econômico que sobreviveu ao turbulento século XX, quando, segundo Francis Fukuyama, a humanidade teria chegado ao "fim da história", ao seu apogeu civilizatório. Se elas sucumbissem à desesperança causada pelo caos forjado pela violência do neoliberalismo, não encontrariam alternativas. A consciência política dessa geração foi forjada em um mundo onde a hegemonia estadunidense parecia sólida e incontestável. Tomando emprestada uma frase Borg, "resistir era inútil" e a assimilação, inevitável, gostassem ou não disso. O estrangulamento ideológico do capitalismo democrático gerou apatia e inércia em muitos jovens, que repetiram o mesmo mantra ano após ano: "Nada vai mudar. É assim que as coisas são".[137]

Sempre que ouço uma frase desse tipo, recorro à Linha do Tempo da História Mundial da Oxford Cartographers e tento fazer com que meus alunos entendam o que significa dizer que nada vai mudar. No centro do mapa, há uma enorme área alaranjada representando o Império Romano, com seus mil anos de história e domínio sobre a maior parte da Europa, da África do Norte e do Oriente Médio. Com o colapso de Roma, a Europa afundou na Idade das Trevas, e a queda do Império Romano é indicada na cronologia por um corte abrupto que delimita a fronteira temporal. Imagine – eu digo aos alunos – que você nasceu em 456 d.C. nos arredores da cidade de Roma. Você completou vinte anos em 1.º de setembro de 476 e passou a vida toda em um império que existia há quase um milênio. Claro, havia alguns problemas com os bárbaros do norte e todo tipo de intriga e conspiração que ameaçava a estabilidade política, mas não deixava de ser Roma. E Roma tinha sobrevivido a crises muito mais graves do que a fúria de alguns visigodos.

---

[137] Para informações sobre os Borg, veja www.startrek.com/database _article/borg; Francis Fukuyama, *O fim da história e o último homem* (Traduzido por Aulyde S. Rodrigues. Rio de Janeiro: Rocco, 1992).

Você consegue, então, imaginar como foi o dia 4 de setembro de 476, quando Flávio Odoacro depôs Rômulo Augusto, na data geralmente aceita como marco do fim do Império Romano do Ocidente? Em vez de um imperador romano, você teria agora um rei italiano e passaria o resto dos seus dias num estado de caos e irrevogável declínio. Neste momento, aponto para um pequeno retângulo de cor púrpura no canto inferior direito do mapa. Ele representa a história dos Estados Unidos, que me parece bastante insignificante perto da longa trajetória de outras culturas e civilizações. Ao examinar esse mapa, fica fácil ver como o mito de que as coisas não mudam é inverossímil. A história do mundo é uma constante reviravolta. Nações e impérios ascendem e sucumbem. Às vezes, são derrotados de fora para dentro; outras, de dentro para fora. Geralmente, é uma combinação dos dois. E, quase sempre, de maneira inesperada. O título do livro do antropólogo Alexei Yurchak captou muito bem o que foi crescer na URSS durante a década de 1980: *Tudo era para sempre até não ser mais* [Everything Was Forever Until It Was No More].[138]

Mudanças positivas podem, sim, ocorrer, e embora as contingências históricas sejam aleatórias, a história se constrói com o trabalho coletivo das pessoas. "Nunca duvide que um pequeno grupo de cidadãos comprometidos possa mudar o mundo" é o início de uma citação atribuída à antropóloga Margaret Mead. "De fato, é só assim que acontece". Obviamente, as coisas nem sempre mudam para melhor, como descobriram Yurchak e muitos de seus compatriotas na Europa Oriental. O retrocesso acontece com a mesma frequência que o progresso, e pode ser por isso que tantas pessoas se apegam ao *status quo*. Mas

---

[138] Alexei Yurchak, *Everything Was Forever Until It Was No More* (Princeton: Princeton University Press, 2005).

tentar seguir o curso do rio sem sair do lugar só ajuda aqueles que querem nos puxar para trás. Somente um grande impulso para frente é capaz de neutralizar a resistência dos que querem a volta dos costumes sociais do passado.[139]

Nas lutas que redefinirão o futuro da nossa república, as mulheres são as que mais têm a perder. Já existem aqueles que querem nos privar de qualquer direito, no sentido figurado e literal. Em 2020, os EUA celebram cem anos de sufrágio feminino,[140] mas muitos acreditam que um século já é mais do que suficiente.

*

Nas semanas que antecederam as eleições presidenciais de 2016 nos EUA, a *hashtag* #Repealthe19th [Revogue a 19.ª] entrou para os *trending topics* do Twitter em resposta a duas pu-

---

[139] Esta citação é atribuída à Margaret Mead, porém não há indicação de fonte escrita. Uma explicação mais detalhada pode ser encontrada no site do Instituto de Estudos Interculturais (em inglês): www.interculturalstudies.org/faq.html.

[140] N. da E.: a autora se refere à aprovação, em 1920, da 19.ª Emenda à Constituição dos EUA, que proibiu, em nível nacional, a discriminação de gênero no exercício do direito ao voto, uma vitória histórica dos diversos movimentos que lutavam por direitos iguais desde o século XIX no país. Antes disso, alguns estados já permitiam o voto de mulheres brancas, como Utah, Nevada e Colorado. A aprovação da emenda, no entanto, não impediu a discriminação por outras vias. A aplicação de exames de alfabetização e a imposição de impostos para votar, por exemplo, afetavam desproporcionalmente mulheres não brancas em muitos estados, principalmente no sul dos EUA. A maioria das práticas eleitorais discriminatórias que marcaram a segregação no país só foi eliminada 45 anos depois, com a Lei dos Direitos de Voto de 1965.

blicações do analista estatístico Nate Silver na rede social. Em seu popular site FiveThirtyEight.com, Silver decidiu calcular o possível resultado do pleito a partir de dois cenários distintos: se apenas homens votassem e se apenas mulheres fossem às urnas. O mapa eleitoral masculino revelou uma ampla vitória para Donald Trump e o feminino, para Hillary Clinton. Alguns apoiadores de Trump sugeriram, então, que, para garantir a vitória, os EUA deveriam revogar a 19.ª Emenda à Constituição, que permitiu o sufrágio feminino. "Eu estaria disposta a abrir mão do meu direito ao voto para Trump vencer", escreveu uma defensora do candidato republicano. A indignação no Twitter continuou, e o incidente foi parar na grande mídia, incluindo nos veículos *Los Angeles Times, Salon* e *USA Today*, incitando ainda mais a histeria cibernética. Embora, mais tarde, tenha se revelado que um número maior de pessoas usou a *hashtag* para se opor à ideia em vez de defendê-la, o caso refletiu a preocupação popular conservadora com as novas tendências demográficas e o futuro do Partido Republicano.[141]

Em 2007, a comentarista de direita Ann Coulter afirmou durante uma entrevista de rádio que o sistema político estadunidense melhoraria muito se a 19.ª Emenda fosse revogada e só os homens pudessem votar. "Se tirássemos o direito de voto das mulheres, nunca mais teríamos que nos preocupar com outro presidente democrata. É uma espécie de sonho, de fantasia minha", explicou. Coulter disse que as mulheres são "burras" na hora de votar, especialmente as solteiras, e que o Partido Democrata deveria se envergonhar de ter poucos apoiadores ho-

---

[141] Seema Mehta, "Trump Backers Tweet #Repealthe19th After Polls Show He'd Win If Only Men Voted", *Los Angeles Times*, 12/10/2016, www.latimes.com/nation/politics/trailguide/la-na-trailguide-updates-trump-backers-tweet-repealthe19th-1476299001-htmlstory.html.

mens. A comentarista acrescentou ainda que o Partido Democrata seria o partido das mulheres porque ludibria as "mães dos subúrbios" com promessas como "saúde, educação e creche".[142]

A diatribe de Coulter contra o voto feminino, especialmente contra o voto das mulheres solteiras, pode ter sido inspirada em um artigo publicado no *Journal of Political Economy* em 1999. Os autores, John Lott e Lawrence Kenny, traçaram um paralelo entre o crescimento dos gastos do governo no início do século XX com a disseminação do sufrágio feminino entre os estados (culminando com a emenda constitucional em 1920) e argumentaram que as mulheres têm mais probabilidade de votar em candidatos mais socialmente progressistas do que os homens. Lott e Kenny sugeriram que, por ganharem menos e enfrentarem mais barreiras para a autossuficiência, as mulheres prefeririam correr menos riscos e contar com um governo mais presente. Usando evidências empíricas, os autores tentaram mostrar como as mulheres vêm, por meio do voto, aumentando o papel de atuação do governo. "Como as mulheres tendem a ter renda mais baixa, beneficiam-se de programas de distribuição de renda aos mais pobres e da tributação progressiva." Com o passar do tempo, as mulheres solteiras, em particular, entenderam que é melhor votar em candidatos que prometem serviços sociais mais robustos. Lott e Kenny argumentaram que, "depois que as mulheres passaram a criar os filhos sozinhas, começaram a se reconhecer como liberais, a votar em democratas e apoiar políticas como a tributação progressiva... Não é difícil

---

[142] Matthew Biedlingmaier, "Coulter: 'If We Took Away Women's Right to Vote, We'd Never Have to Worry About Another Democrat President'", Media Matters, 4/10/2007, www.mediamatters.org/research/2007/10/04/coulter-if-we-took-away-womens-right-to-vote-we/140037.

perceber que o voto feminino tem influenciado, ao longo do tempo, os caminhos da verba governamental".[143]

Na cabeça de muitos conservadores, que consideram o crescimento dos gastos do governo uma verdadeira maldição, Lott e Kenny atribuíram a culpa pelo aumento das despesas federais dos EUA às mulheres que votam pensando em seus próprios interesses econômicos. Se você ler blogs de ativistas dos "direitos dos homens" (embora ganhe bem mais lendo embalagem de ração para cães), verá que, para justificar as alegações de que as mulheres não devem mais votar, eles se apoiam bastante nesse artigo de 1999 de Lott e Kenny.[144] Embora a emancipação das mulheres só apareça na Linha do Tempo da História Mundial a partir do século passado, os integrantes dos movimentos pelos direitos dos homens acreditam que foi o sufrágio feminino que destruiu a civilização ocidental. No livro *A Maldição de* 1920 [The Curse of 1920], o autor afirma que "os direitos das mulheres são como um câncer – se não extrair tudo na cirurgia, ele volta. A única solução para os males do nosso país é ir direto à causa: a participação das mulheres na política e no governo". No seu discursinho de março de 2017, Roosh V (do infame *Don't Bang Denmark*) afirmou categoricamente que a única maneira de salvar os Estados Unidos da ameaça socialista seria anulando a 19.ª Emenda. "Basta revogar o direito de voto feminino para, em apenas uma eleição nacional, todos os partidos de esquerda serem eliminados. Na eleição seguinte, todos os políticos já estariam focados nos homens e nos interesses naturais do patriarcado, no sucesso econômico, na estabilidade das

---

[143] John R. Lott e Lawrence Kenny, "Did Women's Suffrage Change the Size and Scope of Government?", *Journal of Political Economy* 107 (1999): 1163-1198, 1164.

[144] Ver o site The Curse of 1920: thecurseof1920.com/index.html.

famílias e na distribuição equânime de mulheres na sociedade". Não sei bem quem ficaria encarregado de organizar essa distribuição de mulheres, mas certamente não seriam elas próprias.[145]

Mesmo que sempre submersos num espesso mar de misoginia, todos os ativistas dos direitos dos homens concordam que as mulheres votam em candidatos progressistas *para atender a seus próprios interesses econômicos*. Embora o artigo de 1999 de Lott e Kenny continue sendo usado para atestar esses discursos de ódio, uma leitura alternativa do estudo, na verdade, confirma a ideia de que políticas redistributivas contribuem mais com a independência das mulheres que o livre-mercado desenfreado. De fato, os ativistas dos direitos dos homens já sabem o que muitas estadunidenses desconhecem: as urnas são uma poderosa arma política para as mulheres.

Enquanto os proponentes da teoria da economia sexual admitem que o capitalismo mercantiliza a sexualidade das mulheres, e que a igualdade de gênero e as redes de segurança social disponibilizam outras formas de atender às necessidades básicas delas, Lott e Kenny mostram que a participação política das mulheres (pelo menos a longo prazo) tem gerado governos que melhor atendem a maioria. Com frequência, a extrema direita acusa as mulheres de elegerem líderes "socialistas" determinados a minar o patriarcado e a propriedade privada. Claro que, com raríssimas exceções, os EUA nunca tiveram nada sequer

---

[145] Gary D. Naler, *The Curse of* 1920: *The Degradation of Our Nation in the Last* 100 *Years* (Salem: RTC Quest Publications, 2007), 48; Roosh V, "How to Save Western Civilization", Rooshv.com, 6/3/2017, www.rooshv.com/how-to-save-western-civilization. O ensaio original de Ramzpaul "How Female Suffrage Destroyed Western Civilization" foi republicado em: www.theapricity.com/forum/showthread.php?164336-How-Female-Suffrage-Destroyed-Western-Civilization.

parecido com um líder socialista, mas, com essa releitura paranoica do passado do nosso país, talvez os rapazes da *alt-right* estejam apresentando às mulheres um caminho para um futuro possível.

*

"Revogar a 19.ª" só faz sentido no ano de 2018 porque a composição demográfica do eleitorado, em um futuro próximo, não estará favorável aos homens e "seus interesses naturais do patriarcado, no sucesso econômico, na estabilidade das famílias e na distribuição de mulheres na sociedade". Talvez seja por isso que os conservadores estejam tão ávidos para manchar, com o pincel lúgubre do stalinismo, a reputação dos que flertam com ideias socialistas. Desesperados para invalidar as demandas políticas dos "guerreiro da justiça social",[146] os oponentes resgatam os expurgos, a fome e o *gulag*, alegando que qualquer tentativa apoiada por esses eleitores para construir um sistema universal de saúde de pagador único (*single payer*) ou uma rede nacional de creches de qualidade levaria o país, inevitavelmente, ao totalitarismo. Mas depois de anos de intimidação, as vozes da extrema direita (embora ainda com bastante apoio financeiro) estão começando a ser abafadas pela onda cada vez maior de *millennials* cansados da ideia de que o capitalismo é a única via possível.

---

[146] N. da E.: no original *social justice warrior* (SJW). O termo, atualmente pejorativo, tem sido usado para designar e invalidar um indivíduo que promove visões socialmente progressistas e liberais, incluindo feminismo, direitos civis, direitos LGBTQ+ e multiculturalismo. Alega-se que o discurso desses indivíduos tenham como foco a validação pessoal e não uma convicção arraigada.

Os conservadores estão apreensivos com o crescente descontentamento da juventude com o capitalismo globalizado e temem que as mulheres, especialmente as das novas gerações, votem em candidatos socialistas ou com inclinações à esquerda, por compreenderem que seriam beneficiadas em maior proporção com a regulação estatal do mercado e outras medidas políticas redistributivas, como um sistema de saúde único, educação superior gratuita e propriedade social de grandes empresas que prestam serviços públicos e de bancos "grandes demais para falir". Hoje, os *millennials* e a geração z veem o socialismo democrático como uma resposta a muitas frustrações, e que prejudica menos a libido do que os inibidores seletivos de recaptação de serotonina. Em janeiro de 2017, em um artigo publicado pela revista *The Nation* que circulou bastante, "Por que jovens deste milênio não têm medo do socialismo?", Julia Mead relatou o próprio processo de descoberta dos ideais socialistas e explicou como o debate político nos Estados Unidos impedia essa discussão antes do surgimento de Bernie Sanders nas primárias democráticas de 2016:

A eliminação das ideias socialistas de um discurso político sério durante a maior parte de minha vida não foi um acaso histórico. A vitória do Ocidente na Guerra Fria – democracia liberal para todos! – veio ao preço da iconoclastia, grande parte dela comemoração... Então mataram o comunismo, e junto com ele foi qualquer discussão do socialismo e do marxismo. Esse era o mundo da minha infância e adolescência, cheio de progressistas do *establishment*, que eram agressivamente centristas e tão dispostos quanto os conservadores a privilegiar os interesses do capital sobre os do trabalho: pense na imprudente expansão do chamado livre comércio ou no brutal complexo militar-industrial.

> Durante a maior parte de minha vida, eu teria sido duramente pressionada [*sic*] para definir o capitalismo, porque no noticiário e em meus livros didáticos, nenhuma outra maneira de organizar uma economia foi reconhecida. Eu não sabia que poderia haver uma alternativa.[147]

Mead argumenta que os *millennials* defendem o socialismo porque estão "cansados do mundo desigual que herdaram". Exatamente seis meses depois, a editora da *The Nation*, Sarah Leonard, escreveu um artigo para o *The New York Times*: "Por que tantos eleitores jovens estão se apaixonando por velhos socialistas?". Partindo de uma reflexão sobre a crescente popularidade de homens brancos mais velhos como Bernie Sanders, nos EUA, e Jeremy Corbyn, na Grã-Bretanha, Leonard argumenta que esse apoio ao socialismo tem menos a ver com uma radicalidade inerente à juventude e mais com o fracasso dos partidos tradicionais na contenção dos piores excessos do capitalismo.

> Nossa política atual foi marcada por uma era de crise financeira e cumplicidade dos governos. Especialmente desde 2008, temos visto as grandes corporações tomarem as casas de nossas famílias, explorar nossa dívida médica e retirar nossos empregos. Vimos governos imporem uma austeridade brutal para satisfazer banqueiros. Os capitalistas não fizeram isso por acidente, fizeram por lucro, e investiram esses lucros comprando nossos partidos políticos. Para muitos de nós, o capitalismo é algo a se

---

[147] Julia Mead, "Por que jovens deste milênio não têm medo do socialismo?" The Nation em: *Portal da Esquerda em Movimento*, 15/1/2017. Tradução: Maíra Tavares Mendes. https://portaldelaizquierda. com/en/2017/01/por-que-jovens-deste-milenio-nao-tem-medo-do-socialismo/

temer, não a se celebrar, e nosso inimigo está em *Wall Street* e na *City* de Londres.[148]

Para os políticos republicanos e seus apoiadores poderosos, os sentimentos expressos por Mead e Leonard, duas mulheres jovens de esquerda, são um perigo real. Pela primeira vez, nas eleições de 2016, os eleitores das gerações X e Y superaram os *baby boomers* nascidos no pós-guerra. No pleito de 2020, os *millennials* terão uma enorme influência eleitoral se comparecerem às urnas. Demograficamente, essa geração já supera a anterior, e a diferença só vai aumentar com o número crescente de jovens imigrantes naturalizados. Para os republicanos do *establishment*, que anseiam por maior desregulamentação econômica e redução de impostos para os ricos, a expansão do contingente de eleitores jovens representa uma ameaça às suas perspectivas políticas de longo prazo. De acordo com um relatório do Pew Research Center de julho de 2017, os *millennials* são mais propensos a se identificar com candidatos do Partido Democrata ou independentes de tendência democrata que seus pais e avós.[149]

Se os jovens forem às urnas, serão possíveis mudanças reais. Não tenho dúvidas de que os conservadores farão de tudo para

---

[148] Sarah Leonard, "Por que tantos eleitores jovens estão se apaixonando por velhos socialistas?", The New York Times Sunday Review em: *Medium*, 10/7/2017. Tradução: Victor Marques. https://medium.com/@marques.v/por-que-tantos-eleitores-jovens-est%C3%A3o-se-apaixonando-por-velhos-socialistas-28a3fa48232e.

[149] Richard Fry, "Millennials and Gen Xers Outvoted Boomers and Older Generations in 2016 Election", *FactTank*, 31/7/2017, www.pewresearch.org/fact-tank/2017/07/31/millennials-and-gen-xers-outvoted-boomers-and-older-generations-in-2016-election.

suprimir a participação desses eleitores e demonizar os candidatos que têm plataformas de redistribuição de renda e regulamentação de mercado e defendem formas de propriedade social. No entanto, quem se inspira nos ideais socialistas não pode se deixar levar pelas histórias de horror do passado. Por muito tempo, os males do socialismo de Estado do século xx serviram de ferramenta para aniquilar o debate sobre como os ideais e as teorias socialistas podem ser explorados, revistos e adaptados para a realidade do século xxi. Claro que os erros e as atrocidades não devem ser ignorados, e discussões vigorosas sobre o passado devem florescer como parte de uma cultura intelectual de investigação aberta. Embora alguns governos da Europa Oriental tentem elaborar uma versão específica do passado, o progresso social demanda um entendimento profundo de como e por quem a verdade histórica é escrita. Precisamos observar as maneiras como a história é estrategicamente mobilizada de forma a promover ou suprimir diferentes projetos políticos.

*

Em última análise, essa coisa que chamamos de "governo" não é necessariamente boa nem ruim, mas uma embarcação conduzida por quem está no controle. Por isso a expressão "navio do Estado". Arrisco dizer que essa coisa que chamamos de "mercado" também não é boa nem ruim, mas uma ferramenta que pode ser usada para promover os interesses de alguns. Hoje em dia, parece que essa ferramenta está sendo usada para que os super-ricos enriqueçam ainda mais e comprem influência e poder de decisão sobre o governo. Embora tenhamos eleições presidenciais a cada quatro anos, o verdadeiro poder político se acumulou nas mãos desses super-ricos. Enquanto finge representar o povo, o governo faz tudo o que eles querem. O mesmo aconteceu com os governos socialistas estatais da Europa Oriental. Enquanto diziam estar trabalhando para o bem do povo, satisfaziam as vontades dos ditadores e da elite.

A diferença entre governo e mercado é que os governos – pelo menos os democráticos – têm a função aparente de servir os cidadãos. É essa a ideia por trás da expressão "uma pessoa, um voto". Os mercados, por outro lado, são sempre manipulados a favor de quem entra no jogo com mais fichas. E a partir da decisão da Suprema Corte no caso da Citizens United, em 2010, que determinou a liberação de doações ilimitadas para financiamento de campanhas, quanto mais dinheiro, mais influência. É um ciclo vicioso, onde o poder do Estado é corroído pelos mercados não regulados. Isso cria um esquema bastante lucrativo para quem pode comprar mais influência para revogar os instrumentos que protegem o sistema educacional, o meio ambiente e os serviços sociais, o que só enriquece ainda mais os ricos.

A solução está no controle real da população sobre o governo. O Estado precisa funcionar a serviço das pessoas comuns. Democracia significa governo do povo; a raiz *demos*, do grego, se refere ao povo de um Estado. Já a plutocracia é o governo dos ricos, derivada da palavra grega *ploutos* (riqueza). Os maciços resgates a Wall Street após a recessão global e o corte de impostos para os mais ricos, defendido por Donald Trump em 2017, nos mostram claramente em qual desses dois sistemas estamos vivendo. Pode parecer exagero, mas não é impossível que os EUA virem um Estado unipartidário financiado por vias escusas pelas sombras de um Partido Plutocrático. Mas isso ainda não aconteceu. Por ora, as elites econômicas querem manter a fachada da democracia, e é aqui que a participação política das mulheres jovens estadunidenses pode fazer toda diferença.

Se as mulheres mais jovens não forem sábias e começarem a reivindicar seus próprios interesses econômicos e políticos de longo prazo nas urnas, terão pouco poder para reverter as inevitáveis convulsões sociais que o futuro nos reserva. Como os republicanos acumulam um déficit irresponsável no curto prazo, já estão de olho nos programas sociais que pretendem cortar para impedir que os EUA entrem em falência. Quando o programa público de previdência [Social Security] e o seguro de saúde para idosos e pessoas com deficiência [Medicare] deixarem de existir porque o governo não tem mais como financiá-los, todo o trabalho de cuidar dos nossos pais vai cair no colo das mulheres que já estão em casa porque não conseguem pagar a creche dos filhos. E sem alguma forma de sistema de saúde universal, os futuros cortes no programa de assistência médica a cidadãos de baixa renda [Medicaid] vão fazer com que cada vez mais estadunidenses precisem de cuidado integral em casa, o que, sem dúvida, será feito por suas filhas, mães, irmãs e esposas. Com um volume cada vez maior de trabalho de cuidado na esfera privada, a autonomia das mulheres diminuirá e, com o aumento da dependência econômica, elas se verão mais incapazes de romper relacionamentos insatisfatórios, violentos ou emocionalmente abusivos.

Algumas pessoas vão dizer que é tarde demais e que o nosso sistema político não tem conserto. Certamente, se os plutocratas estiverem fraudando as urnas ou manipulando os resultados de terminais eletrônicos, o jogo terminou e a população já perdeu. E aí precisamos mesmo pensar no que fazer. Enquanto isso, nosso processo democrático ainda permite mudanças políticas radicais ou o que Bernie Sanders chama de "revolução pela base". Se os eleitores mais jovens, especialmente as mulheres, se derem ao trabalho de ir às urnas, será possível fazer a diferença. É por isso que os ultraconservadores querem tanto tirar o direito de voto delas. As mulheres da geração *millennial* têm o poder demográfico de impactar o futuro coletivo, principalmente se convencerem seus pais *baby boomers* de que eles precisarão se virar sozinhos caso os republicanos consigam finalmente encontrar um jeito de desmantelar o sistema de seguridade social do país. Se a juventude consegue eleger líderes políticos mais comprometidos com as necessidades dos cidadãos, os plutocratas, se quiserem manter o *status quo*, terão que abandonar toda a fachada de democracia. E, quando isso acontecer, não viveremos mais nos Estados Unidos, mas em um país com regras completamente diferentes.

Embora o primeiro passo seja votar (e incentivar as outras pessoas a fazer o mesmo), isso não é suficiente. Os jovens precisam compreender o básico da teoria política. Leia livros, assista a vídeos, ouça *podcasts*, analise infográficos – faça o que for necessário para entender como e por que nos organizamos em Estados-nações e nos permitimos ser governados por outros, e como e por que isso vem mudando ao longo do tempo. E não dá para ficar na zona de conforto. Por mais doloroso que seja, é preciso abrir a mente para perspectivas opostas. Se você lê a revista *Jacobin*, dê uma olhada nas páginas da *Reason*. Saiba o que noticia tanto *The New York Times* quanto *The Wall Street Journal*. Se você não tem estômago para isso, converse com as pessoas. Saia da sua bolha digital e relacione-se com gente diferente, compartilhe o que aprendeu na escola, no trabalho, na igreja, na biblioteca e assim por diante. Participe de um grupo de leitura ou se envolva com a organização de algum movimento social ou partido político. Como uma pessoa introvertida, sei que, para algumas de nós, é mais fácil falar do que colocar isso em prática. Mas se você é do tipo sociável, encontre sua voz e expresse sua opinião.

Existem outras estratégias, além do processo eleitoral, para pressionar líderes de empresas e do governo a atender às necessidades das pessoas comuns. Você pode, por exemplo, se juntar a outras pessoas e reivindicar políticas que ampliem o número de postos de trabalho no setor público; ofereçam creche de qualidade e subsidiada; garantam licença parental remunerada, com estabilidade e atrativos para que tanto pais quanto mães façam uso do benefício; implementem cotas para aumentar a diversidade em cargos de liderança; criem um sistema universal de saúde; e reduzam as mensalidades no ensino superior. Tais políticas ajudarão a mitigar a desigualdade e a construir uma sociedade que trabalha para as massas em vez de para apenas 1% da população. Uma rede de segurança social mais ampla, como aquelas encontradas hoje nos países do norte da Europa, não diminui, mas *aumenta* a liberdade individual, pois restaura a capacidade da população de tomar decisões importantes sobre a própria vida. Ninguém deveria precisar permanecer num emprego que odeia por causa do seguro de saúde. Nem ficar casada com um companheiro violento porque não sabe como vai colocar comida na mesa. Nem transar com um velho rico porque não consegue pagar os livros da faculdade.

Mais importante: reivindique tempo, energia emocional e valorização, conceitos depreciados pela própria lógica do capitalismo. Você não é uma mercadoria. Sua depressão e ansiedade não são apenas desequilíbrios químicos no seu cérebro, mas uma resposta razoável a um sistema que prospera às custas da desumanização. Como Mark Fisher argumentou em 2012, "a saúde mental é uma questão política" e, da mesma forma que nossa vida privada contribui para a saúde mental, os relacionamentos também são uma questão política. Devemos fugir da ideologia dominante que transforma os laços sociais em trocas econômicas. Podemos compartilhar afeto sem quantificar seu valor. Dar e receber em vez de vender e comprar. Nós, mulheres, precisamos estabelecer o que quero chamar de "soberania afetiva" e reaver o controle do trabalho emocional. No verão de 2017, a vitrine de uma livraria em Munique dizia "o amor mata o capitalismo". Se as pessoas são felizes em suas vidas íntimas e se sentem amadas e apoiadas pelo que são, e não pelo que possuem, o capitalismo perde uma de suas ferramentas mais valiosas: deixa de conseguir nos convencer de que precisamos comprar coisas para preencher o vazio deixado pela falta de conexão pessoal. Nossa crescente desorganização gera lucro. Impedir que os afetos se tornem mais uma mercadoria é o começo da resistência.[150]

*

Uma das coisas mais importantes que descobri estudando o colapso do socialismo estatal do século xx na Europa Oriental foi que as pessoas estavam completamente despreparadas para as súbitas mudanças causadas pela institucionalização do livre-mercado. Como o governo desses países controlava o fluxo de informações sobre o Ocidente, os cidadãos comuns sabiam muito pouco sobre como as democracias capitalistas funcionavam na prática. Se ouviam algo sobre déficit habitacional, pobreza, desemprego e ciclos de altos e baixos do mercado, ignoravam por acharem que era propaganda do governo. E o mais importante é que os cidadãos da Europa Oriental não tinham acesso a alguns dos textos básicos que explicam como e por que a democracia liberal difere do que eles chamavam de "socialismo real" (para distinguir o que tinham na vida real do

---

[150] Mark Fisher, "Why Mental Health Is a Political Issue", *The Guardian* (Londres), 6/7/2010, www.theguardian.com/commentisfree/2012/jul/16/mental-health-political-issue.

ideal almejado). Eles não tinham como explorar, sozinhos, os contrastes nas filosofias políticas fundamentais que levaram o mundo à beira da aniquilação nuclear. Existe, hoje, um ditado popular em muitos lugares do Leste Europeu: "Tudo que nos disseram sobre o comunismo era mentira. Mas tudo que nos disseram sobre o capitalismo era verdade".

No mundo ocidental, ninguém nos proíbe de ler o que quisermos, mas poucas pessoas pensam no tipo de sociedade que poderemos ter se a democracia falhar e nos encontrarmos, de repente, em uma nação (ou nações) pós-estadunidense. Como assisti a mudanças sociais radicais nos países da Europa Oriental, sei que, mesmo com uma separação pacífica ou um divórcio de veludo (como foi chamada a dissolução da Tchecoslováquia), a recuperação da confiança será um processo doloroso e desorientador. Se a mudança repentina for violenta (como no caso da Iugoslávia), muitas vidas serão perdidas sem necessidade e as feridas psíquicas dos sobreviventes levarão décadas para serem curadas. Sei que é antiquado falar em dever cívico, mas à medida que as democracias ocidentais se tornam cada vez mais polarizadas, as pessoas que esperam um mundo mais justo, sustentável e igualitário têm muito trabalho pela frente se quisermos ter condições de apontar para um caminho progressista.

Para alguns, reformas apenas prolongam a vida de um sistema econômico falido, e o melhor seria deixarmos o capitalismo se afundar em suas próprias contradições. Mas um colapso repentino do capitalismo que vivemos no século XXI teria repercussões globais maciças e traria muito sofrimento para muitas das pessoas que, ao fim e ao cabo, se beneficiariam de seu fim. Os autoproclamados revolucionários certamente discordarão, mas todas as mudanças de regime (mesmo que positivas) geram efeitos colaterais humanos e, se possível, devemos tentar minimizá-los. Um dos maiores problemas do socialismo estatal do século XX na Europa Oriental foi a ansiedade de alguns líderes de construir um futuro mais justo e igualitário, mesmo sacrificando os próprios cidadãos. Reformas sociais rápidas e revolução podem ser apenas duas estratégias diferentes para atingir o mesmo objetivo: o socialismo. Sim, os impérios nascem e morrem, mas o impacto na vida das pessoas precisa ser o menos desastroso possível. O capitalismo pode desaparecer como uma estrela supernova, mas a transição para o pós-capitalismo será mais fácil para a maioria se ele morrer como uma anã branca.[151]

Isso me faz voltar ao mapa da "Linha do tempo da história mundial" e os grandes blocos de cor representando a ascensão e queda dos impérios. É algo bonito de se ver quando se está sentindo desamparo, frustração com o ritmo vagaroso das mudanças ou medo que os atuais visigodos levem a civilização para uma Idade das Trevas 2.0. A Oxford Cartographers não incluiu no infográfico, mas o mapa contém mais de cem bilhões de pessoas – todos os homens e mulheres que já viveram na Terra. Cada uma dessas pessoas nasceu de uma mãe e, se sobreviveu à infância, cresceu até a idade adulta e viveu em algum tipo de clã ou comunidade. Comeu, bebeu, dormiu, sonhou, fez sexo, constituiu família e, por fim, adoeceu e morreu de maneiras não muito diferentes das de hoje. São esses bilhões de homens e mulheres que fizeram nossa história, não apenas os citados nos livros didáticos. Foram as pessoas comuns que tiveram bebês, construíram barragens, cultivaram alimentos, travaram guerras, ergueram templos e começaram as revoluções.

A não ser que um meteoro acabe com o planeta amanhã, ainda são as pessoas comuns que podem levar a história adiante.

---

[151] David Harvey, 17 *contradições e o fim do capitalismo* (Traduzido por Rogério Bettoni). São Paulo: Boitempo, 2016.

A ação coletiva coordenada pode ter um enorme impacto no mundo. Se dois bilhões de pessoas decidirem espontaneamente parar de usar o Facebook ou comprar na Amazon.com, duas das empresas mais ricas e poderosas do mundo poderiam deixar de existir. Se milhões de homens e mulheres forem ao banco resgatar todo o seu dinheiro no mesmo dia, quebrarão as pernas até dos mais poderosos. Antigamente, quando os sindicatos eram fortes e os trabalhadores faziam reivindicações coletivas, os cidadãos retinham uma parcela maior da riqueza que ajudavam a produzir. O maior inimigo da plutocracia é um grande número de cidadãos trabalhando juntos por uma causa comum. Não é coincidência que o capitalismo prospere sob uma ideologia egocêntrica e individualista e que seus defensores tentem difamar os ideais coletivistas baseados no altruísmo e na cooperação.

Sei que não é tarefa fácil encontrar uma causa comum e, ao mesmo tempo, respeitar nossas muitas diferenças. Precisamos estar sempre atentos às hierarquias de poder que privilegiam mais alguns do que outros. Mas a formação de coalizões fortes que reconheçam e apoiem a diversidade é algo urgente. Se quisermos encontrar uma maneira coletiva de sair do pântano político e econômico atual, precisamos recorrer a um conjunto de ferramentas consistentes. As experiências com o marxismo-leninismo do século xx fracassaram, mas, em vez de inspirar uma repulsa coletiva de todas as ideias comunalistas, devem servir de lição para que não cometamos os mesmos erros no futuro. Enfim, não dá para jogar fora a água da banheira com o bebê junto.[152]

---

[152] N. da E.: referência à frase *"don't throw the baby out with the bathwater"* [não jogue o bebê fora junto com a água da banheira], que quer dizer "não se livre de algo ruim, perdendo/abrindo mão de algo bom".

sugestões de leitura

August Bebel (1840-1913): um dos fundadores do Partido Social-Democrata dos Trabalhadores da Alemanha e, mais tarde, dirigente do Partido Social-Democrata da Alemanha. Autor do importante livro *Mulher e Socialismo* e proeminente defensor dos direitos das mulheres. Bebel dizia que a mulher só conquistaria a independência econômica do homem quando a classe trabalhadora possuísse e controlasse os meios de produção coletivamente. Acredita-se que Bebel tenha sido a primeira figura política a fazer um discurso público defendendo os direitos da população homossexual. *Cortesia da Biblioteca do Congresso dos* EUA.

Adamczak, Bini. *Comunismo para crianças*. Traduzido por Christine Röhrig. São Paulo: Três Estrelas, 2018.

Appel, Hilary e Mitchell Orenstein. *From Triumph to Crisis: Neoliberal Economic Reform in Postcommunist Countries*. Cambridge, Reino Unido: Cambridge University Press, 2018.

Aronoff, Kate, Peter Drier e Michael Kazin. *We Own the Future: Democratic Socialism – American Style*. Nova York: New Press, 2020.

Bastani, Aaron. *Fully Automated Luxury Communism*. Nova York: Verso, 2019.

Bebel, August. *Woman and Socialism*. Traduzido ao inglês por Meta L. Stern. Nova York: Socialist Literature, 1910. Disponível em www. marxists.org.

Boxer, Marilyn J. e Jean H. Quataert. *Socialist Women: European Socialist Feminism in the Nineteenth and Early Twentieth Centuries*. Nova York: Elsevier, 1978.

Bregman, Rutger. *Utopia para realistas: Como construir um mundo melhor*. Traduzido por Leila Couceiro. Rio de Janeiro: Sextante, 2018.

Brown, Wendy. *Undoing the Demos: Neoliberalism's Stealth Revolution*. Cambridge, Estados Unidos: Zone Books, 2017.

Bucur, Maria. *The Century of Women: How Women Have Transformed the World Since 1900*. Lanham: Rowman & Littlefield, 2018.

Bucur, Maria e Mihaela Miroiu. *Birth of Democratic Citizenship: Woman and Power in Modern Romania*. Bloomington: Indiana University Press, 2018.

Carleton, Gregory. *Sexual Revolution in Bolshevik Russia*. Pittsburgh: University of Pittsburgh Press, 2005.

Clements, Barbara Evans. *Bolshevik Feminist: The Life of Aleksandra Kollontai*. Bloomington: University of Indiana Press, 1979.

Cobble, Dorothy Sue. *The Other Women's Movement: Workplace Justice and Social Rights in Modern America*. Princeton: Princeton University Press, 2005.

Cobble, Dorothy Sue, Linda Gordon e Astrid Henry. *Feminism Unfinished: A Short, Surprising History of American Women's Movements*. Nova York: W. W. Norton, 2015.

Cohen, G. A. *Socialismo. Porque não? Em defesa do socialismo*. Lisboa: Gradiva, 2016.

Collins, Patricia Hill. *Pensamento feminista negro. Conhecimento, consciência e a política do empoderamento*. Traduzido por Jamille Pinheiro Dias. São Paulo: Boitempo, 2019.Davis, Angela. *Mulheres, raça e classe*. Traduzido por Heci Regina Candiani. São Paulo: Boitempo, 2016.

Dodge, Norton T. *Women in the Soviet Economy*. Baltimore: Johns Hopkins University Press, 1966.

Drakulic, Slavenka. *Como sobrevivemos ao comunismo sem perder o sentido de humor*. Traduzido por Rui Pires Cabral. Colares: Pedra da Lua, 2008.

Du Plessix Gray, Francine. *Soviet Women*. Nova York: Bantam Doubleday Dell, 1990.

Ehrenreich, Barbara e Arlie Russell Hochschild. *Global Woman: Nannies, Maids, and Sex Workers in the New Economy*. Nova York: Henry Holt, 2004.

Elwood, R. C. *Inessa Armand: Revolutionary and Feminist*. Cambridge, Reino Unido: Cambridge University Press, 1992.

Engels, Friedrich. *A Origem da família, da propriedade privada e do Estado*. Traduzido por Leandro Konder. 9.ª ed. Rio de Janeiro: Civilização Brasileira, 1984.

Evans, Kate. *Rosa vermelha. Uma biografia em quadrinhos de Rosa Luxemburgo*. Traduzido por Marcelo Brandão Cipolla. São Paulo: WMF Martins Fontes, 2017.

Featherstone, Liza. *Selling Women Short: The Landmark Battle for Worker's Rights at Walmart*. Nova York: Basic Books, 2005.

Federici, Silvia. *Calibã e a bruxa: mulheres, corpo e acumulação primitiva*. Traduzido pelo Coletivo Sycorax. São Paulo: Elefante, 2017.

―――. *O ponto zero da revolução: trabalho doméstico, reprodução e luta feminista*. Traduzido pelo Coletivo Sycorax. São Paulo: Elefante, 2019.

Feffer, John. *Aftershock: A Journey into Eastern Europe's Broken Dreams*. Londres: Zed, 2017.

Fidelis, Malgorzata. *Women, Communism, and Industrialization in Postwar Poland*. Nova York: Cambridge University Press, 2010.

Firestone, Shulamith. *A dialética do sexo: um estudo da revolução feminista*. Traduzido por Vera Regina Rabelo Terra. Rio de Janeiro: Editorial Labor do Brasil, 1976.

Fisher, Mark. *Capitalist Realism: Is There No Alternative?* Ropley: Zero Books, 2009.

Fitzpatrick, Sheila. *Everyday Stalinism: Ordinary Life in Extraordinary Times: Soviet Russia in the 1930s*. Nova York: Oxford University Press, 2001.

Fraser, Nancy. *Fortunes of Feminism: From State-Managed Capitalism to Neoliberal Crisis*. Nova York: Verso, 2013.

————. *Scales of Justice: Reimagining Political Space in a Globalizing World*. Nova York: Columbia University Press, 2010.

Frink, Helen H. *Women After Communism: The East German Experience*. Lanham: University Press of America, 2001.

Fullbrook, Mary. *The People's State: East German Society from Hitler to Honecker*. New Haven: Yale University Press, 2008.

Gal, Susan e Gail Kligman. *The Politics of Gender After Socialism: A Comparative-Historical Essay*. Princeton: Princeton University Press, 2000.

———— (ed.). *Reproducing Gender: Politics, Publics, and Everyday Life After Socialism*. Princeton: Princeton University Press, 2000.

Ghodsee, Kristen. *The Left Side of History: World War II and the Unfulfilled Promise of Communism in Eastern Europe*. Durham: Duke University Press, 2015.

————. *Muslim Lives in Eastern Europe: Gender, Ethnicity and the Transformation of Islam in Postsocialist Bulgaria*. Princeton: Princeton University Press, 2009.

————. *Red Hangover: Legacies of Twentieth-Century Communism*. Durham: Duke University Press, 2017.

————. *The Red Riviera: Gender, Tourism, and Postsocialism on the Black Sea*. Durham: Duke University Press, 2005.

————. *Second World, Second Sex: Socialist Women's Activism and Global Solidarity During the Cold War*. Durham: Duke University Press, 2019.

Goldman, Wendy Z. *Mulher, Estado e revolução: política da família soviética e da vida social entre 1917 e 1936*. Traduzido por Natália Angyalossy Alfonso com colaboração de Daniel

Angyalossy Alfonso e Marie Christine Aguirre Castañeda. São Paulo: Boitempo/Iskra, 2014.

Grant, Melissa Gira. *Dando uma de puta: a luta de classes das trabalhadoras do sexo*. São Paulo: Autonomia Literária, 2021.

Harsch, Donna. *Revenge of the Domestic: Women, the Family, and Communism in the German Democratic Republic*. Princeton: Princeton University Press, 2008.

Hensel, Jana. *After the Wall: Confessions of an East German Childhood and the Life That Came Next*. Traduzido ao inglês por Jefferson Chase. Nova York: Public Affairs, 2004.

Herzog, Dagmar. *Sex After Fascism: Memory and Morality in Twentieth-Century Germany*. Princeton: Princeton University Press, 2005.

———. *Sexuality in Europe: A Twentieth-Century History*. Cambridge, Reino Unido: Cambridge University Press, 2011.

Hochschild, Arlie Russell. *The Managed Heart: Commercialization of Human Feeling*. Berkeley: University of California Press, 2012.

Holmstrom, Nancy. *The Socialist Feminist Project: A Contemporary Reader in Theory and Politics*. Nova York: Monthly Review Press, 2004.

Holt, Alix. *Alexandra Kollontai: Selected Writings*. Nova York: W. W. Norton, 1980.

Honneth, Axel. *A Ideia de Socialismo. Tentativa de Atualização*. Lisboa: Edições 70, 2017.

Humphrey, Caroline. *The Unmaking of Soviet Life: Everyday Economies After Socialism*. Ithaca: Cornell University Press, 2002.

Illouz, Eva. *Cold Intimacies: The Making of Emotional Capitalism*. Londres: Polity, 2007.

———— (ed.). *Emotions as Commodities: Capitalism, Consumption and Authenticity*. Nova York: Routledge, 2019.

————. *Why Love Hurts: A Sociological Explanation*. Londres: Polity, 2013.

Jaffe, Sarah. *Necessary Trouble: Americans in Revolt*. Nova York: Nation Books, 2017.

Kligman, Gail. *The Politics of Duplicity: Controlling Reproduction in Ceausescu's Romania*. Berkeley: University of California Press, 1998.

Kollontai, Alexandra. *Autobiografia de uma mulher comunista sexualmente emancipada*. Traduzido por Lígia Gomes. São Paulo: Sundermann, 2007.

Krylova, Anna. *Soviet Women in Combat: A History of Violence on the Eastern Front*. Nova York: Cambridge University Press, 2011.

Lapidus, Gail Warshofsky. *Women in Soviet Society: Equality, Development, and Social Change*. Berkeley: University of California Press, 1978.

Leo, Maxim. *Red Love: The Story of an East German Family*. Londres: Pushkin, 2014.

Lišková, Kateřina. *Sexual Liberation, Socialist Style: Communist Czechoslovakia and the Science of Desire, 1945-89*. Cambridge, Reino Unido: Cambridge University Press, 2018.

Lorand, Zsofia. *The Feminist Challenge to the Socialist State in Yugoslavia*. Londres: Palgrave MacMillan, 2018.

Lorde, Audre. *Irmã Outsider. Ensaios e conferências*. Traduzido por Stephanie Borges. Belo Horizonte: Autêntica, 2019.

Luxemburgo, Rosa. *Reforma ou revolução?* São Paulo: Expressão Popular, 2000.

McDuffie, Erik S. *Sojourning for Freedom: Black Women, American Communism, and the Making of Black Left Feminism.* Durham: Duke University Press, 2011.

McLellan, Josie. *Love in the Time of Communism: Intimacy and Sexuality in the* GDR. Nova York: Cambridge University Press, 2011.

McNeal, Robert. *Bride of the Revolution: Krupskaya and Lenin.* Ann Arbor: University of Michigan Press, 1972.

Meyer, Alfred G. *The Feminism and Socialism of Lily Braun.* Bloomington: Indiana University Press, 1985.

Millar, James R. *Politics, Work, and Daily Life in the* USSR: *A Survey of Former Soviet Citizens.* Nova York: Cambridge University Press, 1987.

Millett, Kate. *Política sexual.* Traduzido por Alice Sampaio, Gisela da Conceição e Manuela Torres. Lisboa: Publicações Dom Quixote, 1970.

Moraga, Cherríe e Gloria E. Anzaldúa. *This Bridge Called My Back: Writings by Radical Women of Color.* 4ª ed. Albany: SUNY Press, 2015.

Moskowitz, P. E. *The Case Against Free Speech: The First Amendment, Fascism, and the Future of Dissent.* Nova York: Bold Type Books, 2019.

———. *How to Kill a City: Gentrification, Inequality, and the Fight for the Neighborhood.* Nova York: Bold Type Books, 2018.

Nicholas, John. *The S Word: A Short History of an American Tradition... Socialism.* 2ª ed. Nova York: Verso, 2015.

Penn, Shauna e Jill Massino. *Gender Politics and Everyday Life in State Socialist Eastern and Central Europe.* Nova York: Palgrave McMillian, 2009.

Piketty, Thomas. *O capital no século* XXI. Traduzido por Monica Baumgarten de Bolle. Rio de Janeiro: Intrínseca, 2014.

———. *Capital and e ideologia*. Traduzido por Dorothée de Bruchard e Maria de Fátima Oliva do Coutto. Rio de Janeiro: Intrínseca, 2020.

Porter, Cathy. *Alexandra Kollontai: A Biography*. Chicago: Haymarket Books, 2014.

Ruthchild, Rochelle Goldberg. *Equality and Revolution: Women's Rights in the Russian Empire, 1905-1917*. Pittsburgh: University of Pittsburgh Press, 2010.

Sanders, Bernie. *Our Revolution*. Nova York: Thomas Dunne Books, 2016.

Stites, Richard. *The Women's Liberation Movement in Russia: Feminism, Nihilism and Bolshevism, 1860-1930*. Princeton: Princeton University Press, 1978.

Stokowski, Margarete. *Die Letzten Tage des Patriarchats*. Berlim: Rowohlt Buchverlag, 2018.

Sunkara, Bhaskar (ed.). *ABCs do socialismo. São Paulo*: Autonomia Literária, 2021.

———. *The Socialist Manifesto: The Case for Radical Politics in an Era of Extreme Inequality*. Nova York: Basic Books, 2019.

Taylor, Keeanga-Yamahtta. *From #BlackLivesMatter to Black Liberation*. Chicago: Haymarket Books, 2016.

Traister, Rebecca. *Good and Mad: The Revolutionary Power of Women's Anger*. Nova York: Simon and Schuster, 2018.

Vaizey, Hester. *Born in the GDR: Living in the Shadow of the Wall*. Oxford: Oxford University Press, 2017.

Varoufakis, Yanis. *Conversando Sobre Economia Com a Minha Filha*. Traduzido por Maria Andrea e Paulo Ramos. São Paulo: Planeta, 2015.

Verdery, Katherine. *What Was Socialism and What Comes Next?* Princeton: Princeton University Press, 1996.

Wang, Zheng. *Finding Women in the State: A Socialist Feminist Revolution in the People's Republic of China,* 1949-1964. Berkeley: University of California Press, 2017.

Weeks, Kathi. *The Problem with Work: Feminism, Marxism, Anti-work Politics, and Postwork Imaginaries.* Durham: Duke University Press, 2011.

Weigand, Kate. *Red Feminism: American Communism and the Making of the Women's Movement.* Baltimore: Johns Hopkins University Press, 2001.

Weigel, Moira. *Labor of Love: The Invention of Dating.* Nova York: Farrar, Straus and Giroux, 2016.

Yalom, Marilyn. *A história da esposa: da Virgem Maria a Madonna.* Rio de Janeiro: Ediouro, 2002.

Žižek, Slavoj. *A coragem da desesperança: crônicas de um ano em que agimos perigosamente.* Traduzido por Renato Aguiar. Rio de Janeiro: Zahar, 2019.

agradecimentos

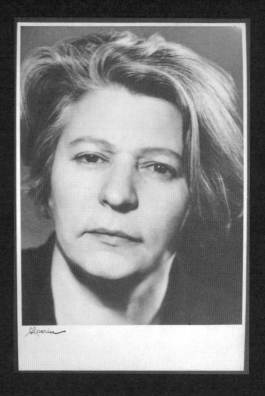

Ana Pauker (1893-1960): comunista romena que atuou como dirigente não oficial do Partido Comunista Romeno após a Segunda Guerra Mundial. Foi a primeira mulher a ocupar o cargo de ministra das Relações Exteriores no mundo. Em 1948, a revista *Time* estampou sua imagem na capa de uma edição com a legenda "A mulher mais poderosa da atualidade". Pauker foi uma líder influente até que Stalin decidiu expurgá-la. *Cortesia do Museu Nacional de História da Romênia.*

Este livro me desafiou a sair do estilo de escrita acadêmica habitual. Tive muita ajuda da minha família, de amigos e colegas, que me incentivaram a embarcar no projeto, deram apoio moral, ofereceram conselhos editoriais e leram e comentaram capítulos individualmente: Courtney Berger, Susan Faludi, Dagmar Herzog, Agnieszka Kościańska, Marwan Kraidy, Sonya Michel, Mira Nikolova, Mitchell Orenstein, Kevin M. F. Platt, Rochelle Ruthchild, Russ Rymer, Laura Sell, Julia Verkholanstev e Alina Yakubova. Sou especialmente grata aos meus colegas Rachel Ex Connelly, Julia Mead e Scott Sehon, que leram todo o manuscrito e me ajudaram a organizar a argumentação. Também sou grata a Linda Gordon e aos participantes do seminário HOWAG, na Universidade de Nova York, pela entusiasmada conversa sobre as reações ao meu artigo original. Agradeço muito a Joan Wallach Scott por ter sido uma interlocutora atenciosa e me ajudado a considerar as implicações políticas do projeto dentro de um quadro histórico mais amplo. Muito obrigada às minhas editoras, as incríveis Alessandra Bastagli e Katy O'Donnell, e à equipe da Bold Type Books, especialmente Kleaver Cruz, com quem foi maravilhoso trabalhar. Na PublicAffairs, sou imensamente grata pelo apoio de Clive Priddle, Lindsay Fradkoff, Miguel Cervantes, Kristina Fazzalaro, Johanna Dickson e Michelle Welsh-Horst.

Para finalizar, o otimismo implacável e a vasta experiência de vida do professor Freeman Dyson me convenceram de que o cinismo é uma fuga e que o mundo é muito mais iluminado hoje do que era cem anos atrás. Em uma troca de e-mails em fevereiro de 2018, quando eu estava desesperada com a conjuntura política e a situação do mundo, o professor Dyson (que era adolescente na década de 1930 e serviu no Comando de Bombardeiros da Força Aérea Britânica durante a Segunda Guerra Mundial) me ajudou a manter a cabeça no lugar. Ele também compartilhou conselhos que recebeu de uma das grandes mentes que teve o prazer de conhecer ao longo de seus 94 anos: "Uma pessoa que me deu bons conselhos foi meu colega de Princeton, Albert Hirschman. Ele escreveu o livro *Saída, Voz e Lealdade*, no qual descreveu as três formas de agir em uma organização ou país que está se tornando corrupto ou tirânico. "saída", que significa fugir e perder a esperança de que as coisas podem mudar. "voz", que significa arriscar a vida lutando contra o poder do mal. E "lealdade", que significa juntar-se ao lado vencedor e não se manifestar. No mundo real, a maioria das pessoas escolhe a lealdade, grande parte da minoria, a saída, e apenas alguns heróis escolhem a voz."

Não sou nenhuma heroína, com certeza, mas foi com as palavras do professor Dyson ressoando em meus ouvidos que optei pela voz, ainda que baixa.

Este livro foi composto em Minion Pro e BelyDisplay.

Impresso por :

Graphium
gráfica e editora

Tel.:11 2769-9056